T0102535

¿Por qué peleo con mi hijo?

Raquel Guerrero

¿Por qué peleo con mi hijo?

Sana las heridas actuando desde el amor

URANO

Argentina – Chile – Colombia – España
Estados Unidos – México – Perú – Uruguay

1.ª edición: octubre 2022

Este libro no busca sustituir al tratamiento psicológico o médico de un profesional. Tanto la autora como los editores no se hacen responsables del uso que el lector le dé a la información aquí presente.

Reservados todos los derechos. Queda rigurosamente prohibida, sin la autorización escrita de los titulares del *copyright*, bajo las sanciones establecidas en las leyes, la reproducción parcial o total de esta obra por cualquier medio o procedimiento, incluidos la reprografía y el tratamiento informático, así como la distribución de ejemplares mediante alquiler o préstamo público.

Copyright © 2021 Raquel Guerrero
All Rights Reserved
Copyright © 2022 *by* Ediciones Urano México, S.A. de C.V.
Ave. Insurgentes Sur 1722, 3er piso. Col. Florida
Ciudad de México, 01030. México
www.edicionesuranomexico.com

ISBN: 978-607-748-563-6

Impreso por: Litográfica Ingramex, S.A. de C.V.
Centeno 162-1. Col. Granjas Esmeralda. CDMX, 09810.

Impreso en México - *Printed in Mexico*

Mis amados hijos:

Mi corazón de madre se siente muy agradecida porque ustedes me han enseñado lo que es amar y sentirse amada. Ustedes me han impulsado a conocerme, a amarme y a confiar en mí. A sanar la relación conmigo misma para ser la madre que siempre soñé. Y gracias a ustedes también sé que el perdón siempre es posible cuando prevalece el amor.

Este libro les pertenece, es por ustedes. Es nuestra historia que escribimos cada día, eligiendo escuchar con el corazón para vencer unidos las adversidades. Es fruto del amor entre nosotros que siempre, más allá de todo, prevalecerá.

Gracias, Alberto, porque el caballo es el viento.

Gracias, Cynthia, porque querías que yo lo viera.

Gracias, Jorge, por decir: «No te preocupes, mamá, fue un accidente».

Gracias, mis hijos, por elegirme para ser su madre.

Gracias, muchas gracias por venir a mi vida.

Con amor,

Mamá

P.D. Sé que no he sido una excelente madre, aunque ustedes me hayan hecho creer que sí.

ÍNDICE

Parte 1 Inquietudes

Parte 2 Reconociéndonos

Parte 3 Transformando

Parte 4 Una nueva actitud

Parte 5 Reconciliación

Prólogo

Pocas veces se encuentra uno con un libro tan valiente, tan propositivo y, sobre todo, tan real como el que tienen en sus manos. La autora aborda un tema crucial que nos invita a reflexionar sobre la delicada relación entre padres e hijos, y el por qué resulta tan difícil, a veces, establecer una relación de respeto basada en el amor.

La autora desmitifica a los padres y los muestra como seres humanos reales, lejos de los estereotipos que socialmente se manejan como que siempre saben qué es lo mejor para sus hijos y cómo educarlos. Sin embargo, esto en general no sucede y ella nos lo muestra a través de la evidencia de que los seres humanos, no solo por el hecho de ser padres, saben qué hacer. Lo que en realidad ocurre es que heredan a sus hijos todo el dolor, el miedo, y el resentimiento que ellos mismos experimentaron en su formación desde su infancia. En otras palabras, su niño(a) herido(a) contaminará a su adulto y dará a sus hijos todo el dolor y el miedo con que fueron formados.

La propuesta (extraordinaria) es que, al pelear con el hijo y considerar que quien está mal es él, se eterniza la creencia de que los padres no cometen errores y que todo lo que han hecho en la formación de sus hijos ha sido en su beneficio: «Porque te quiero, te pego». Sin embargo, ella propone que no es que los hijos hayan «salido mal», sino que sus actitudes son el resultado del maltrato y la violencia en cualquiera de sus manifestaciones: la imposición, el grito constante y, sobre todo, la inculpación de: «Ya me hiciste enojar». Responsabilizar a un hijo de su desencanto lleva a los padres a la idea de tener que corregir al hijo de cualquier manera. Que está mal cuando se enoja o reacciona, y que se ha vuelto un dolor de cabeza. En cambio, *el hijo siempre amará a sus padres*, declara la autora; ellos son su raíz, su guía, su modelo. Si desea ser amado y aceptado por ellos, podrá pasarse la vida intentando ganar su aprobación o su respeto.

A consecuencia de lo anterior, la autora propone a los padres reflexionar sobre sus propios problemas internos y darse cuenta de que han estado educando desde el miedo y transmitiendo a sus hijos todo su dolor. Que la respuesta de sus hijos solo es un grito de auxilio, una necesidad de ser guiados y no corregidos, de ser tratados con respeto y, sobre todo, de ser amados.

En la lectura de este maravilloso libro usted encontrará ideas que lo harán reflexionar sobre su conducta, sus conflictos no resueltos y sobre cómo ha estado actuando con sus hijos desde el miedo y no desde el amor. Pero también, sobre cómo iniciar un camino nuevo, de aceptación de la realidad y de trabajo personal que permita el cambio interior para sanar sus heridas y aprender a relacionarse con sus hijos desde el amor.

La autora le irá guiando durante la lectura sobre cómo lograr ese cambio. Cómo aprender a aceptar, sin juicios, lo que ha heredado a sus hijos para empezar a tratarlos con respeto y amor.

Sé que es una tarea titánica y difícil, pero también sé que es posible hacerse responsable de uno mismo para mejorar la relación tan profunda y delicada entre padres e hijos. La comunicación, en lugar de la imposición; escuchar, en lugar de descalificar; comprender, en lugar de enjuiciar son algunos de los cambios que se proponen en el libro, pero, sobre todo, aprender a amarse a sí mismos para estar en condiciones de amar a sus hijos.

Conforme uno va leyendo —y después del primer impacto de la confrontación con nosotros mismos—, nos mueve esta lectura primero a la reflexión, luego a la aceptación de la realidad y finalmente al trabajo interior. Esto permitirá al lector comprender y anhelar el cambio en beneficio de una de las relaciones más profundas que existen.

Y lo que al principio fue un reto se convertirá en una aventura maravillosa de sanación interior y de crecimiento que permitirá forjar relaciones más sanas, más felices y, sobre todo, llenas de amor. Tocará a cada lector aceptar el reto, reflexionar seriamente sobre su propio miedo manifestado en dolor, aprender a ir sanando las heridas de la infancia, hablar de ellas, y emerger de la oscuridad a la luz para hacer de la relación padres/hijos una cuestión de amor en la que todos salgamos beneficiados y donde la confianza, el respeto y el amor sean la constante.

Mi admiración profunda para Raquel Guerrero, mi gratitud por su luz y su compromiso para ayudar a los padres a hacer de este mundo un sitio digno de ser vivido en armonía, con realismo, pero, sobre todo, con AMOR.

Salvador Valadez Fernández
Ciudad de México, verano de 2022.

Cómo leer este libro

1. Este libro lo escribí especialmente para los padres y las madres que son conscientes de haber lastimado a su hijo y quieren dejar de hacerlo. Es un libro para padres valientes, decididos a profundizar en su interior y a hacer cuanto sea necesario con tal de que su hijo se sienta amado y apoyado. Será útil también para todos los padres que buscan expandir su conciencia y sanar sus heridas para transmitir amor.

2. Me gustaría mucho que el idioma español ofreciera las palabras adecuadas para poder expresarme en un lenguaje inclusivo y respetuoso que pudiera abarcar todas las relaciones que tenemos tanto los hijos con nuestros padres como los padres con nuestros hijos. Sin embargo, no existe una palabra que designe a padres y madres, e hijos e hijas de forma individual y con respeto a su género. Por ello, para lograr fluidez en la lectura, y con mucho respeto, utilizo el término «padres» para hablar en forma general tanto del padre como de la madre, y el de «hijos» o «hijo» para referirme a nuestros hijos e hijas. Por último, quisiera hacer hincapié en que no existe la menor intención de excluir u ofender a quien amablemente elija leer estas páginas. Mi intención al escribir es tanto ofrecer una alternativa para mejorar la relación con nuestros hijos, haciéndolos sentir amados y aceptados;

así como aprender a ser padres, a través del amor que podemos sentir hacia nosotros mismos y hacia ellos.

3. En este libro encontrarás muchas veces la palabra «miedo». La utilizo de forma general para reemplazar la palabra «ego». También se refiere a las heridas que todos tenemos en nuestro interior y que dieron paso a la formación del miedo. Al leerla, te pido que visualices su significado en tu interior, la forma que ha adoptado en ti. Esto te ayudará a comprender quién eres.

4. Por favor lee la obra que tienes en tus manos con empatía hacia ti y hacia tu hijo. Si en algún momento sientes zozobra o miedo, déjalos pasar con tranquilidad. Luego regresa a la lectura con mayor anhelo de seguir adelante. Asegúrate de que nada impida que el amor entre tu hijo y tú se manifieste.

5. Este libro fue escrito únicamente con el firme propósito de ayudar a resolver los conflictos entre padres e hijos, por lo tanto, cualquier percepción de alguna ofensa hacia alguna persona u organización es completamente no intencionada.

6. En estas páginas encontrarás respuestas a tus inquietudes sobre por qué tu hijo parece tan distante y enojado, y sus razones para estarlo. Apóyate en su contenido para acercarte a tu hijo. Sin embargo, toma en cuenta que solo es una guía de autoayuda. De ningún modo sustituye la consulta a un profesional.

7. Este libro no pretende sustituir las recomendaciones de médicos y terapeutas dedicados a la salud mental. Si bien te brindará orientación y apoyo, si tu hijo manifiesta cualquier actitud que ponga en riesgo su salud física, emocional o mental, incluso su vida, consulta de inmediato a un especialista.

8. Ni este libro, ni ningún otro libro, reemplaza el trabajo terapéutico; más bien, lo complementa. Te ayudará a sentirte

mejor, pero la solución depende de ti, del esfuerzo que hagas por sentirte mejor y por solucionar los conflictos con tu hijo. Por lo tanto, ningún punto de vista aquí expresado debe ser considerado como una orden ni instrucción. Recuerda que tú eres responsable de las decisiones que tomes, así como de tus acciones y las consecuencias de ellas.

9. Mi mensaje lo presento en varias formas: exposición de los conceptos y desarrollo de los temas, planteamiento de problemáticas, lecturas para considerar y preguntas que alientan a involucrarse y a hacer una lectura interactiva. Asimismo, en la sección «Pasos hacia la solución», encontrarás reflexiones, afirmaciones de amor, retos por superar, ejercicios, conclusiones e invitaciones a continuar con el aprendizaje. Todo ello te ayudará a encontrar respuestas que provengan de tu corazón. Por favor, detente en la lectura cuantas veces lo necesites, reflexiona, ríe, llora, subraya, escribe tus pensamientos, anota tus conclusiones, y comparte también tus ideas y tu aprendizaje con quienes se beneficien de ellos.

10. Probablemente algunas ideas aquí contenidas no concuerden con tu manera de pensar y eso está bien. Ten presente que cuanto hay aquí son solo sugerencias que puedes utilizar si así lo decides. Por lo mismo, toma únicamente lo que aplique en tu caso en particular, lo que funcione en beneficio tuyo y de tu hijo. Lo demás, déjalo fluir.

11. Este libro te ayudará a revisar tu interior. Mira a tu ser con amor. Sé bondadoso contigo, no te juzgues. De esta forma podrás llegar a un estado abierto de conciencia y aprendizaje.

12. Recuerda constantemente: tú eres amor, de ti depende sentirte bien y en paz.

Introducción

En ocasiones, los padres ignoramos la causa de los problemas que tenemos con nuestro(s) hijo(s). Le decimos que lo amamos y no nos cree. Queremos que tenga una vida maravillosa y nos mira como si lo odiáramos. Intentamos guiarlo y dice que queremos controlarlo, que no le tenemos confianza. Conforme aumentan los problemas, el distanciamiento se asienta entre nosotros. Las peleas se vuelven frecuentes y desgastantes. Aunque intentamos comunicarnos con calma, cada palabra se convierte en una discusión. Ningún argumento le convence, tan solo contesta que estamos mal. Caemos en la desesperación mientras él parece cada día más lejano, decaído y sin ánimos de salir adelante.

Estos son los síntomas de que estamos comunicándonos desde el miedo. La situación sería diferente si actuáramos desde el amor, lo cual no ocurre porque ignoramos que el miedo nos aleja; nos resulta difícil reconocerlo y, más aún, distinguir cuándo es eso lo que transmitimos. Sin embargo, está ahí presente, controlando nuestras reacciones e impidiéndonos amar.

Actuar desde el amor empieza cuando comprendemos la necesidad de sanar la relación con nuestro hijo, pero en vez de intentar ayudarlo a cambiar o mejorar algún aspecto, nos enfocamos en nosotros y en lo que hacemos para alejarlo. Por lo general, actuar así no es fácil. Reconocer esa parte de nosotros es incómodo. Admitir que no fuimos tan amables ni amorosos como nos hubiera gustado, sino que causamos sufrimiento, es duro. Preferimos evitar la confrontación distrayéndonos, engañándonos, convenciéndonos de que el equivocado es el otro, aunque sea nuestro hijo. De esta forma, ponemos en él la responsabilidad de nuestros actos. No obstante, nuestras heridas emergerán en algún momento; entonces, sufriremos y haremos sufrir.

Ahora tú, apreciado lector, lectora, tienes la oportunidad de reconocer por qué tu hijo y tú se han distanciado, y de poder volver al amor. Para avanzar en esta dirección, necesitarás detectar y evitar algunos obstáculos importantes que se interpondrán en tu camino. Por lo mismo, si de pronto comprendes que la lectura te está generando algunas emociones que te dificultan continuar, es probable que te estés enfrentando a alguno. Conocerlos te permitirá identificarlos y sortearlos. A continuación los presento, acompañando su descripción con una pregunta clave para invitarte a reflexionar al respecto. Esta será la base de los beneficios que te ofrece el presente libro, escrito con un gran ánimo de brindarte apoyo como padre o madre de familia.

OBSTÁCULOS QUE IMPIDEN MANTENERSE EN EL AMOR

Ideas erróneas

El primer obstáculo que podrías enfrentar es la idea impuesta por la sociedad de que, sin importar lo que hagan, los padres son sabios, infalibles e intocables. No se les juzga, cuestiona ni refuta. Por generaciones nos han convencido de que, si un hijo tiene problemas, algo debe estar mal en él, pues jamás se duda de los sentimientos o las acciones de los padres. Alimentar el concepto de que los padres no se equivocan y actúan siempre con infinito amor nos perjudica muchísimo, pues nos aleja de la realidad, nos impide conocernos y nos niega la posibilidad de sanar nuestras heridas.

Observa si detectas en ti la idea de que el amor hacia tus hijos te impidió cometer errores, o de que no tienes algo por qué arrepentirte. Si surge ese pensamiento, detén un momento la lectura y pregúntate:

¿Por qué tengo miedo de haberme equivocado?
¿Quién me está juzgando?

Ego

Para algunos padres es inconcebible admitir que han cometido errores. Mantienen un ego enorme, haciendo creer a sus hijos que, por ser sus padres, tienen derecho a comportarse así. Tal vez conozcas a alguien a quien le importa poco la salud física o emocional de su hijo. Que cree que puede decir y hacer lo que le venga en gana y sus hijos tienen que tolerarlo. Quizá conozcas a alguien con este comportamiento cruel y altivo, quizá estés casado con alguien que así se conduce, quizá incluso *tú* seas así. Los padres de este tipo rechazarán este libro al sentirlo como una agresión y —como están convencidos de que los demás son quienes están mal— terminarán por desecharlo, igual que la relación con sus hijos.

Si en algún momento sientes que surge la ira en ti, comprende que la lectura te está mostrando una herida y el enojo aparece para protegerte. Pregúntate:

¿De qué o quién necesito protegerme?

Culpa

Otro posible obstáculo es que los padres sientan que se les culpa por todo lo que les suceda a sus hijos. Pues bien, de ser tu caso, no se trata de sembrar culpas, sino de que asumas tu responsabilidad respecto a lo que te está distanciando de tu hijo. Eso es lo importante. Si niegas que eres responsable de haber causado dolor, no podrás sanar y mucho menos recuperar su confianza.

Si en algún momento sientes que surgen esas resistencias, es justo ahí cuando debes detenerte para analizar qué ocurre. Pregúntate:

¿De dónde surgen mis resistencias a conocerme?
¿Acaso siento temor a ser malo?

Impaciencia

Un obstáculo por detectar y vencer es la desesperación o la desesperanza, que llevan a creer que actuar desde el amor no rendirá frutos. Si en algún momento crees que hacerlo no funcionará, si crees que es necesario —y mejor— regresar a los antiguos métodos, te sugiero ver este proceso desde una perspectiva de apreciación. Te recomiendo que mantengas la calma. Que analices si acostumbras exigir que los cambios se hagan conforme a tus tiempos y tus expectativas, o si consideras que has invertido tiempo y dedicación, pero tu hijo y tú no llegan a un entendimiento. Que intentes tener en mente que lograr un cambio real requiere perseverancia, resistencia, paciencia y tenacidad. Si te sientes desesperado o frustrado, pregúntate:

¿Por qué el amor debe demostrarse en mis tiempos?
¿Acaso el anhelo de tener una relación plena de amor con un hijo
tiene fecha de caducidad?

ELIGE AMAR

Amar a un hijo implica conocernos; detectar cuándo reaccionamos llevados por el miedo; no pretender engañarnos; recordar que el sufrimiento indica que hay algo que sanar. Comprender que nos convertimos en padres con todas nuestras heridas y que, por lo mismo, nos ha sido difícil mostrar un amor incondicional. Que no es tan sencillo decir y hacer siempre lo que es conveniente. Que aún tenemos mucho que aprender como padres, que no somos infalibles ni lo sabemos todo. La relación con nuestro hijo mejorará en cuanto logremos reconocer que, al estar heridos, herimos. Aceptar que el miedo continúa lastimándonos, nos hace valientes, nos impulsa a sanar y a no ser esclavos del dolor por más tiempo.

Te invito a sentir tu fuerza. A decidirte a evitar continuar siendo víctima del sufrimiento que tanto los ha lastimado y separado. A aceptar la responsabilidad de mejorar tu vida y la de tu familia. A defender la felicidad de tus hijos. A recordar que, con toda la valentía que te da ser padre o ser madre, tú eres capaz de actuar desde el amor.

El amor real

Sin duda, el amor de los padres hacia sus hijos está sobreestimado. Por consiguiente, es necesario dejar de apreciarlo así y, en cambio, verlo como lo que en realidad es: una oportunidad de conocer nuestras heridas y, por amor, sanarlas.

Si queremos volver al amor, necesitamos trabajar en la relación con nuestros hijos desde nuestro interior. Y hacerlo sin buscar culpables y sin juzgar.

PASOS HACIA LA SOLUCIÓN

Ciertamente, todo cambio, toda mejora, implica dificultades y resistencia a dejar de hacer lo que ya nos es familiar. Para aprovechar lo aprendido en este capítulo y ponerlo en práctica, te invito a dar los siguientes pasos. ¡A reflexionar y a actuar!

Reflexión

Considera cómo sueles responder a estas actitudes muchas veces incomprensibles de tu hijo. ¿Te gusta o no esa parte de ti? ¿Qué harías para que entre tú y tu hijo haya una relación plena de cariño, confianza y gratitud?

Cuestionario

¿Actúas desde el amor?

Responde las siguientes preguntas respecto a tu hijo.

- ¿Estás cansado de sus continuas discusiones?
- ¿Sabes que está molesto, pero no entiendes la causa?
- ¿Quieres mantener una conversación respetuosa, pero él continuamente manifiesta enojo hacia ti?
- ¿Tiene una actitud agresiva y desafiante contigo?
- ¿No encuentras qué hacer para mejorar la relación?
- ¿Te sientes cansado de escuchar sus reclamos?
- ¿Su enojo te frustra?, ¿quisieras saber qué hacer para evitarlo?
- ¿Quieres tener paz y armonía en casa, pero él no lo permite?
- ¿Desestabilizan a toda la familia sus cambios de humor?
- ¿Quisieras darle un escarmiento debido a la prepotencia con la que actúa?

- ¿Te enoja que te trate como si fueras estúpido?
- ¿Te es difícil reconocer por qué sus actitudes te descontrolan?
- ¿Te paralizan de miedo sus reproches, quejas y reclamos?
- ¿No sabes qué hacer ante sus reacciones desmedidas?
- ¿Cuidas cuanto dices o haces por temor a desatar su enojo?
- ¿Sientes que te maneja, te chantajea o te manipula?
- ¿Crees que siempre hace lo que quiere y te ignora?
- ¿Te ha perdido el respeto?
- ¿Piensas a veces que nació con ese carácter, que siempre fue así?
- ¿No entiendes por qué a veces parece mala persona?
- ¿Se ha perdido la comunicación entre ustedes?
- ¿Sientes que has perdido el amor de tu hijo?
- ¿Quisieras encontrar la forma de no tener más conflictos con él?
- ¿Quisieras saber cómo dejar de pelear?
- ¿Anhelas que entre ustedes solo haya amor?

Cuatro o cinco respuestas afirmativas resultan bastante normales, considerando que todas las relaciones tienen altibajos. Ahora bien, si contestaste afirmativamente a seis o más de estas preguntas, es evidente que entre tú y tu hijo no se está manifestando el amor.

Afirmaciones de amor

- ✓ Hoy inicio un nuevo camino hacia el amor y nada me detendrá. Aunque aparezcan obstáculos, no voy a rendirme. Seguiré en el camino y llegaré.
- ✓ No me aferraré a ideas que no me sirvan. Me dispongo a crear hábitos, sentimientos y pensamientos nuevos y positivos.

✓ Agradezco esta oportunidad que me brinda la vida para amar.

✓ Tengo cuanto necesito para crear amor.

Reto para hoy

Me atreveré a analizar de nuevo las preguntas que contesté, a pensar en la problemática que retratan y cómo me afecta. Después, visualizaré cuál sería mi plan para aclarar y resolver los conflictos planteados.

Conclusión

Es momento de aprender a actuar de forma diferente
para que sus corazones se acerquen.
Piensa en los porqués de tus reacciones a sus actos
y cómo optimizarlas.
Hoy mismo empieza a actuar contigo y con tu hijo desde el amor.

* * *

Te doy la bienvenida a este reto que hoy empiezas. Este libro lo escribí especialmente para ti. Aquí vas a encontrar respuestas a muchas de tus inquietudes y dudas, de las cuales empezaremos a hablar en el siguiente capítulo.

Parte 1

Inquietudes

Capítulo 1

¿Dónde quedó el amor?

Qué doloroso es ver que mi hijo sufre, no encuentra su propio ser
ni su lugar o su propósito en la vida.

UNA RELACIÓN CONFLICTIVA

Estás cansado de los conflictos con tu hijo. De que la relación entre ustedes esté casi rota y sea imposible convivir en paz. Si intentas dialogar con él, terminan resentidos y enfrascados en discusiones. Si pretendes ayudarlo queriendo evitar que desperdicie su vida, no logras que te escuche. En cuanto intentas orientar su comportamiento, te rechaza. Sientes tristeza y contrariedad por haber perdido tu autoridad y su confianza. Quisieras mantener la serenidad, pero caen en discusiones plagadas de manipulaciones, chantajes, exigencias, gritos, reclamos, quejas e incluso golpes. Al defender tus razones se enfrascan en intercambios dolorosos cuando tu única intención es convencer a tu hijo de que asuma sus errores para poder cambiar y enmendarlos. Sin embargo, es complicado razonar con él. Sus muestras de enojo te causan frustración, impotencia, desdicha. Pareciera que, cuanto más hablas, mayor disgusto le provocas. Quisieras pronunciar las palabras exactas para convencerlo de que buscas su bien, pero no sabes cómo y el resultado es que se enoja más. Como no está convencido de que tus expresiones sean sinceras, te rechaza y mantiene el corazón cerrado para ti.

NULA COMUNICACIÓN

Sus corazones se han distanciado, no hay comunicación, ignoras qué es de su vida, sientes peligro, pero no puedes definir por qué. Cuando se agota tu confianza en él, comienza a angustiarte la idea de que se haga daño. Siempre que sale de casa tienes una oración lista para acompañarlo. Su regreso, a veces de madrugada, te produce alivio y dolor, pues nada puedes decirle para que enderece su vida (es más, ni siquiera sabes si hay algo que enderezar). Si lo intentas, sus reproches son tan duros que te toman desprevenido. Sientes impotencia ante su furia que se desata en cualquier momento e ignoras cómo reaccionar. Sus rabietas no se detienen ante nada ni nadie. No hay reunión familiar que se salve, el resentimiento aflora e inunda a toda la familia. Los espacios públicos son terribles porque sus manifestaciones de enojo aparecen frente a cualquier persona, mientras tu corazón rebosa de vergüenza y pesar. Con tristeza te planteas si el comportamiento de tu hijo revela que quizá has fracasado como padre o madre con él.

DUDAS QUE INQUIETAN

Preguntas comunes ante situaciones como las descritas son: «¿Qué fue lo que hice mal? ¿Por qué sucede esto? ¿Por qué mi hijo no es como imaginé? Veo a los hijos de otros a mi alrededor y temo que, al compararlos, el mío resulte más rebelde, grosero e infeliz. ¿Será mi culpa?». A través de la lectura de estas páginas hallarás respuestas a estos y a muchos otros cuestionamientos.

¿Este es mi hijo?

Atrás ha quedado ya el niño para quien eras lo máximo. Ahora te desafía, es conflictivo, retador y rebelde. Se niega a encaminar su vida, a buscar su bienestar, ya no se hable del tuyo. No parece querer amar ni ser amado, se enreda en situaciones violentas y destructivas. Sus emociones aparecen desbordadas. Grita, se exalta, se queja de todo y de todos, nada le complace. Ha perdido el interés por salir adelante, vive sin mayor aspiración que pasar el día como pueda. Nada le anima, incluso se autolesiona, se esconde en el baño a vomitar, temes que busque refugio en la droga y el alcohol. Sufre y lo niega, intentando ocultarte su dolor.

Pero tú lo percibes y sufres junto con él. Te preocupa que se deje caer, que se pierda a sí mismo, que no logre abrir sus alas para dejar el nido. La incertidumbre te martiriza, tu corazón se vuelve un témpano, ya no sientes esa dulzura que conociste el día que lo tuviste entre tus brazos. Ahora tus sentimientos —enojo, culpa y frustración— se entremezclan, se agota tu tolerancia y se potencia el miedo. Su actitud te parece un reproche continuo. Con impotencia, recuerdas que siempre ha sido así: no quiso entender y te atreves a preguntarte si acaso nació «mal». Después, anhelas parar este sufrimiento que los destruye. Quieres volver al amor mutuo, a ayudarle a sentirse dichoso, a disfrutar su vida. Te duele siquiera imaginar que ya no sea posible. ¿Será que no lograste tu propósito de formarlo bien? Le ruegas que madure y recapacite, pero tu hijo no encuentra paz en su camino. Al final, te consume el miedo de que dé al traste con su vida o, peor aún, que por su propia mano acabe con ella.

¿Cómo llegué a esta situación?

Se suponía que serías un excelente padre o la mejor madre, y ahora resulta que, aunque puedes mantener una relación maravillosa con alguno de tus hijos, otro se rebela, te grita, insulta, exige y señala lo que haces mal. Por supuesto, con tu ego adolorido, sientes que tu hijo se ha vuelto grosero y malagradecido, y no entiendes por qué. Además, como dondequiera ocasiona conflictos, te altera que se comporte así. Sus hermanos y tu cónyuge también se quejan de él; al oírlos, tú intuyes que anda muy mal. Para obligarlo a comprender sus errores y a valorar tu esfuerzo, se te ocurren varias alternativas:

- Retirarle tu apoyo económico, a ver si así, al ser obligado a sobrevivir por sí mismo, cambia su actitud.
- Convencerlo de que no está bien su comportamiento, a fin de cuentas, al ser su padre o su madre, mereces ser escuchado.
- Obligarlo a obedecer tus reglas, pues aún depende de ti; es tu casa y ahí se hace lo que tú dices.
- Amenazarlo con retirarle tu amor, incluso hacerlo.
- Llevarlo con un especialista que lo ayude a reconocer sus errores, a mejorar su carácter y a cambiar.
- Decirle las palabras mágicas al hablar con él y que reaccione tranquilo, no a la defensiva, sin juicios y sin altanería. ¡Ojalá las conocieras!

¿Reconozco estas emociones?

En esta situación tan caótica, tus emociones se desbordan. Por un lado, quisieras tener la seguridad de haber hecho lo mejor por tu hijo. Dudas porque quizá algo faltó por hacer, quizá los padres no son tan perfectos, ni saben tanto como se asegura. Con pesar reconoces que los padres también cometemos errores y nos es difícil alcanzar ese pedestal donde nos gustaría estar. Hoy te sientes vulnerable, confundido, enojado y desgastado por las dificultades. Es tan doloroso convivir así, sin comunicación, entre tantos problemas y agobiado de frustración y coraje. Anhelas que entre tú y tu hijo haya paz.

¿Qué es lo que no funciona?

No existe relación perfecta entre padres e hijos, por lo regular suele haber conflictos en mayor o menor medida. Aun así, cuando un hijo se les enfrenta y desdeña su autoridad, los padres no siempre saben cómo manejarlo. Dominados por el miedo, pueden tomar algunas actitudes, de las que no suelen ser conscientes y que deterioran aún más la relación.

- Le exigen que cambie, le recriminan su actitud, asumen que intenta hacerlos sentir mal.
- Utilizan diversas estrategias como discursos, regaños, amenazas, chantajes o manipulaciones, incluso agresión física, para hacerle comprender sus errores.
- Como aseguran que necesita ayuda para comportarse como es debido, se proclaman buenos padres al proponerse reformarlo.
- Asumen que reformar un hijo significa hacer cuanto se les ocurra sin analizar las consecuencias.

Estas actitudes de los padres no funcionan porque al pretender convencer a su hijo de ser la causa de los conflictos, le reafirman que el problema es él. Con esto, solo consiguen desatar aún más ira.

¿Qué le sucedió al amor?

Cuando no logras dialogar en paz con tu hijo, te preguntas si eso significa que has perdido su respeto y su amor. No obstante, debes tener la certeza de que no ha sido así. Quizá tu hijo o hija se muestre distante, quizá su actitud sea un reproche continuo. Tal vez sus conductas sean agresivas contigo y con otros miembros de la familia. Quizá te rechace, se burle de ti o te muestre un inmenso desprecio, y relacionarte con él sea en verdad difícil. Quizá te acerques asustado y temeroso de su reacción sin saber qué decirle ni cómo actuar, y te sientas caer en la desesperación. Aun así, sin importar tus temores y sus actitudes, es vital que tengas la seguridad de que tu hijo te ama. Que el amor permanece entre ustedes, pero ha dejado de manifestarse por diversas razones que analizaremos en las siguientes páginas.

PASOS HACIA LA SOLUCIÓN

Para aprovechar lo aprendido en este capítulo y ponerlo en práctica, te invito a dar los siguientes pasos.

Reflexión

Cuando un padre asume que el problema es la actitud del hijo y lo intenta obligar a corregirla, negándose a reconocer su participación en el dolor que se manifiesta entre ellos, se detonan las dificultades. El miedo entonces les domina y separa. Comprender esto es esencial. Es momento de analizar la situación desde una perspectiva distinta.

Qué hacer

Desde el corazón: Ahora te pido que tomes un momento y visualices a tu hijo, que evoques algún conflicto con él. Mira a tu hijo, su alma es inocente y buena, aunque se haya convertido en un hombre o una mujer. Intenta percibir su sufrimiento, aquel que expresa contigo; mira cómo grita, se enoja y exige justicia. Abre tu corazón y mira más allá. Trata de comprender que, a pesar de sus actitudes, en lo profundo hay un niño desesperado y no sabe cómo expresártelo. Está sufriendo porque para él eres lo más grande que existe y no sabe qué hacer para comunicarse contigo. Quisiera estar seguro de ser tu prioridad e ignora por qué no puedes demostrarle tu amor; quizá ni tú lo sepas (quizá creas que sí lo haces). Tiene miedo de ser una decepción para ti y de que tengas razón en tus quejas.

Una interpretación diferente: Te invito a que interpretes sus actitudes como la única manera de expresar su sufrimiento. Que comprendas que tu hijo no quiere decepcionarte, más bien anhela que algo cambie y permita que ambos se acerquen. El problema es que él es el pequeño mientras tú eres el padre o la madre, por lo tanto, eres el adulto. Tu hijo confía en que sabes cómo resolver cualquier dificultad. Cree que puedes lograr un acercamiento entre ustedes porque lo amas, o al menos cree que, por ser tu hijo, deberías insistir en estar bien con él. En su corazón existe la seguridad de que tu amor todo lo puede y tiene razón. Sin embargo, aún no comprende que tú eres un ser humano, con tus miedos e inseguridades y que, en ocasiones, no conoces la solución para esos problemas que los separan. Sin embargo, eso no significa que será imposible encontrarla.

Afirmaciones de amor

- ✓ Hoy, y desde el fondo de mi corazón, me hago la firme promesa de que mi hijo y yo vamos a estar bien y en paz.
- ✓ Yo encontraré la forma de que el amor se manifieste entre nosotros; sé que puedo hacerlo.
- ✓ Hoy tomo la decisión de actuar desde el amor.

Reto para hoy

Mi promesa es una realidad, confío en mí. Respiraré tranquilo y mantendré a mi hijo unido a mi corazón.

Conclusión

Tal vez el pasado no defina el momento presente,
pero sí influye en él.
Tal vez el presente no determina el futuro, pero una acción
corregida a tiempo puede aliviar el dolor de una herida
transmitida por generaciones.
Qué alivio descubrir que en mis manos está la clave
para volver al amor.
Que la solución a los problemas empieza por mí.

* * *

En los siguientes capítulos analizaremos qué está impidiendo que el amor se manifieste. Así podrás evitar que el sufrimiento siga alejándote de tu hijo. Por lo mismo, te invito a que, de aquí en adelante, mientras leas, intentes sentir mucha empatía por tu hijo y por ti. Habrá páginas cuya lectura quizá te resulte algo dura; aun así, sigue leyendo, confía en que puedes hacerlo por el bien tuyo y de tu hijo. Por volver al amor.

Capítulo 2

¿Por qué mi hijo está enojado?

No logro entender qué hice mal para que mi hijo esté enojado conmigo.

LA CAUSA

Hay una diversidad de razones por las que un hijo manifiesta a sus padres sentimientos de enojo, desprecio o rechazo. Que se niegue a escucharlos, a salir adelante, que destruya su vida, que sea infeliz. Que se vea triste, apagado, incluso que haya confesado que no tiene ganas de vivir. Algunas son sencillas de analizar, otras son difíciles de enfrentar. Cuando el miedo domina a los padres, se les dificulta reconocer su intervención e incluso niegan tener responsabilidad con ellas.

No obstante, de forma general, y aunque para algunos sea difícil aceptar esta verdad, la expresión de enojo de su hijo suele ser consecuencia de las diversas y continuas faltas de respeto que sus padres tuvieron hacia él. De negarle un trato amoroso y considerado; de haberlo ignorado, rechazado o maltratado de cualquier manera. También de las heridas que causaron en él con su ausencia y falta de interés. Cuando los padres asumen que un hijo debe aceptar cualesquiera que sean sus actitudes y sus faltas de respeto, provocan enojo en él. También provocan que necesite aprender a defenderse.

A pesar de esto, por generaciones se ha alimentado la idea de que un hijo, sin importar qué haya recibido de sus padres, solo debe mostrar agradecimiento. Si quiere ser un buen hijo está obligado a amar incondicionalmente, a no juzgar, a no quejarse, a mostrar respeto y lealtad. A soportar en silencio y olvidar pronto cualquier maltrato que haya recibido, así lo haya destruido.

Es ilógico suponer que, si a un hijo se le dio un trato amoroso y respetuoso durante su infancia, al crecer se va a convertir en un ser lleno de rabia hacia sí mismo y hacia los demás. Un hijo que ha sido tratado con respeto no guarda resentimientos dentro de sí. Amar y ser amado es algo natural para él. El desacato no es un arma con la cual agreda a quien ama. En cambio, si un hijo actúa con desamor, alguien tuvo que enseñarle esto antes.

La voz del hijo merece ser escuchada

Por generaciones se ha alimentado que un hijo no debe hablar del sufrimiento que le ocasionaron sus padres. A quien se atreve a hacerlo se le agrede y culpa. Se le hace sentir mal hijo por atreverse a «juzgar» a sus padres. Esto tiene que terminar. El dolor que causan los padres no debe ser negado ni solapado, ya que hacerlo favorece la impunidad.

Cuando un padre o una madre da por hecho que no merece el enojo de su hijo, termina por no asumir su responsabilidad para después negar y olvidar haber actuado como lo hizo. De este modo desaparece la posibilidad de que acepte haber causado ese sufrimiento que, intencional o no, infligía. Se vuelve imposible sanar y, por lo tanto, el dolor se continúa propagando.

Si las actitudes violentas de los padres son defendidas y justificadas, serán transmitidas sin cesar a las siguientes generaciones.

DUDAS QUE INQUIETAN

¿Qué hay detrás de una discusión?

Es difícil escuchar y creerle a un hijo disgustado con sus padres. Por ejemplo, si se queja de no ser amado, por lo regular estos le preguntan por qué dice eso. Sorprendidos, le rebaten y contradicen o intentan convencerlo de que está en un error. Incluso le ignoran creyendo que solo quiere llamar la atención. Prefieren suponer que algo hay mal en él que analizar por qué lo dice. Se aferran a la idea de que el amor que sienten por su hijo es incuestionable. Creen que sus palabras tienen poder de convencimiento, pero no se percatan de que sus actos revelan sus sentimientos. No han comprendido que el discutir o negarse a escuchar puede ser interpretado como un acto de desamor.

¿Cuál es la realidad?

Las discusiones disminuirán cuando podamos comprender que un hijo no se enoja con sus padres porque el profesor lo regañó, lo corrieron del trabajo, reprobó una materia, se murió su perro, chocó el coche o se peleó con su pareja. Tampoco porque así nació, es un desagradecido, anda nervioso o tiene un «trastorno mental», como algunos afirman. La realidad es que un hijo se enoja, resiente y se decepciona de sus padres como consecuencia del sufrimiento que, ya sea de forma consciente o no, estos le han ocasionado a lo largo de su vida. Esto es porque ningún niño nace enojado —mucho menos siendo mal hijo—, sino que su actitud suele ser consecuencia de las lesiones físicas o emocionales que en algún momento recibió.

Sin embargo, a algunos padres les es casi imposible reconocer que pudieron haber ocasionado dolor a su hijo. Dado que muchas veces actuaron de forma inconsciente, al ser incapaces de identificar sus propias heridas, están convencidos de no merecer algún reproche. Mientras tanto, la relación entre padres e hijos se va deteriorando, dando paso a discusiones, agresiones y malos tratos. Entre más grave sea la incomprensión y falta de empatía entre ellos, más difícil será volver al amor. Es necesario reconocer que estas actitudes están transmitiendo un mensaje, y que ningún hijo va a enemistarse con sus padres o a renunciar a su amor sin alguna razón.

Toma en cuenta que, si se alimenta a un hijo con sufrimiento, en cuanto tenga oportunidad, responderá con alguna conducta desafiante.

¿Actúo desde el miedo?

Cuando un padre o una madre procede desde el miedo, suele generar conflictos en vez de un diálogo basado en la comprensión y el respeto. Como interpreta a través de sus heridas, piensa más en lo que le afecta que en los sentimientos de su hijo, por lo mismo, le es muy difícil ser empático. Ve el comportamiento de su hijo como un ataque personal, supone que intenta hacerle daño, que pretende burlarse o retarlo. Al interpretar que su hijo «anda mal», intenta convencerlo de cambiar. No comprende que cada una de sus palabras se convierte en acusación y rechazo. Luego, cuando nada da resultado, la impotencia lo altera muchísimo, no se percata de que actúa cegado por el miedo. Asumir que tiene razón le impide actuar desde el amor.

¿Qué hacen los padres cuando actúan desde el miedo?

Si su hijo:
* Se enoja por alguna injusticia, se sienten retados y reaccionan para impedirle «salirse con la suya».
* Les muestra su sufrimiento, lo ignoran; aseguran que ya se le pasará.
* Se queja por su trato hacia él, lo culpan, contradicen, manipulan, extorsionan, presionan y amenazan.
* Dice que no lo escuchan, le aseguran que no es verdad, pero continúan sin escucharlo.
* Se queja de que no lo aman, le explican que está equivocado, que aman a todos sus hijos por igual y le insisten que acepte su error.
* Se rebela, aparecen los reproches, gritos, golpes, insultos; le aseguran que le irá mal por negarse a obedecer.
* Se defiende de los malos tratos que le dan, lo convencen de obligarlos a ser agresivos con él.
* Pierde la esperanza, insisten en que cambie porque necesitan que su comportamiento los tranquilice. Luego lo acusan de tener una actitud negativa.
* Les señala que han actuado mal con él, se justifican y quieren demostrarle que es un mal hijo por juzgar a sus padres.
* Les pide que cambien de actitud, se enojan con su hijo e insisten en que han hecho todo bien.

¿Por qué actúan así?

Un padre o una madre solo procede desde el miedo como consecuencia de haber sido lastimado con anterioridad. Como resultado al dolor aparecieron heridas, mismas que quizá no ha identificado y menos aún sanado, que lo convierten en un padre que actúa desde el miedo en vez de actuar desde el amor. Aunque afirme, seguro de no equivocarse, que su hijo le ignora y desobedece, y sienta que es víctima de tal comportamiento, está en un error. El problema es que en vez de reconocer que el miedo ha sesgado su comportamiento, juzga a su hijo. Asume que esas actitudes de rebeldía y desobediencia son bravuconadas. No las ve como expresiones de sufrimiento porque las interpreta como un ataque a sus facultades como padre. Afirmar que su hijo le reta y provoca solo demuestra cuán alterada está la forma en que lo percibe.

DUDAS QUE INQUIETAN

¿Acaso no le di lo mejor?

Esta duda agobia a los padres cuando comprenden que algo no salió como esperaban y su hijo ahora está enojado y distante con ellos. Sí, intentaron dar lo mejor y quizá creen que lo hicieron. Sin embargo, dado que no existe padre o madre perfecta, es imposible evitar causar dolor. No obstante, se aferran a la idea de no haber cometido errores y, por lo tanto, es su hijo quien está equivocado. Esto les impide reconocer hasta qué punto sus propias heridas, mismas que se manifestaron cuando actuaron sin analizar las consecuencias, guiados por la emoción del momento, les influenciaron en su proceder y aparecen ahora repetidas en el comportamiento de su hijo. Sin embargo, algo es indudable: nadie que se ame a sí mismo se va a autodestruir. Hay una señal de alerta que no debe pasarse por alto: cuando un hijo ya no disimula su rechazo hacia sus padres ni se esfuerza en esconder su desesperanza y dolor, habrá llegado el impostergable momento de actuar desde el amor.

¿Acaso lo decepcioné?

Para un hijo es difícil decepcionarse de sus padres. Aunque haya recibido continuas manifestaciones de desamor, va a aferrarse a que ellos «deberían» amarlo. Al mantener viva esa esperanza, aunque su mundo sea un caos, tratará de darle orden. Quiere que su papá lo respete, que su mamá no esté siempre enojada, que vivan en paz. Todas sus conductas, que parecen provocaciones, en realidad son gritos de ayuda. Su necesidad de sentirse amado por sus padres es tan fuerte que, pese al sufrimiento que provocan, le es sumamente complicado renunciar a ser amado por ellos. Por eso, después de cada conflicto, anhela una reconciliación, que no haya más problemas, que prevalezca el amor. Cuando esto no sucede y sus padres se niegan a evolucionar, se siente herido y traicionado. Cuando cae en cuenta de que estos no actúan con amor, justicia y respeto hacia él, se decepciona de ellos.

Mientras sus héroes se desmoronan, se vuelve majadero y rebelde, quizá esperando que reaccionen. Cuando ya le es imposible manejar su dolor, su odio hacia sí mismo aumenta y cae en comportamientos destructivos como las autoagresiones, la promiscuidad, el abuso de sustancias y las relaciones abusivas. Como sus padres no pudieron amarlo y enseñarlo a amar, él no aprende a amarse a sí mismo y, como consecuencia, se autodestruye. Pierde sus ganas de vivir y se hunde en la desesperanza.

¿Mi hijo me odia?

Algo que causa conmoción a los padres es ese grito furioso donde un hijo afirma de forma rotunda que los odia. Algunos padres, por suerte los menos, toman con indiferencia o burla sus palabras y continúan sin escuchar o buscar alguna solución. Sin embargo, hay otros que sí se afligen e intentan hacerle cambiar de opinión, asegurándole que es amado y mucho. No obstante, las palabras no funcionan porque, por más que se le insista en que es falso lo que afirma, el hijo está seguro de lo que dice. Las palabras no van a convencerlo porque necesita observar un cambio de actitud de sus padres, no de que le convenzan de que está en un error.

RECONOCIENDO

El orgullo

Aunque mi orgullo de padre se sienta dolido, es justo ahora cuando tengo la certeza de que algo ha fallado y mi hijo anda mal (no yo). Antes de continuar convenciéndole de estar confundido, debo reconocer qué se esconde detrás de esas palabras que con tanto dolor ha dejado salir. Cuando mi hijo grita que me odia, busco en mi actitud hacia él cuál es el motivo de lo que dice.

¿Por qué dijo que me odia?

Lo ha dicho porque cree que no es amado, solo por eso. Sin embargo, es un error intentar persuadirlo de que sí lo es porque lo dice por años de dolor acumulado, no por el conflicto que surgió ayer. A veces, los padres asumen que el disgusto de la semana pasada o el regaño de hace tres días han ocasionado que se exprese así, pero no sucede de ese modo. Más bien, esos eventos quizá fueron para él la gota que derramó el vaso. Aunque las palabras de sus padres afirmen otra cosa, son los actos lo único que podrá escuchar.

¿Es este el momento de actuar?

Un hijo expresa a sus padres su desamor cuando hay desesperación, tristeza y decepción en él. El mensaje oculto detrás de sus palabras indica que es momento de sanar. Aunque anhelemos borrar o ignorar lo dicho, ya no es posible. El momento de actuar desde el amor ya no se puede aplazar. Recuerda, si un hijo se queja de que sus padres no lo aman, urge escucharlo.

¿Qué es necesario aceptar?

Puede ser que para algunos padres no sea sencillo analizar y aceptar el nexo entre las dificultades que tiene su hijo y las heridas que depositaron en él. Si están a la defensiva, suponiendo que procedieron siempre bien, no serán conscientes de haber causado sufrimiento. Afirmarán que ese hijo sufre porque él mismo lo provocó o quizá porque lo merecía debido a su carácter difícil. Sin embargo, esta postura es inútil y solo genera más conflictos. Observa si en ti aparecen este tipo de pensamientos y ante qué sucesos se manifiestan; es muy probable que te estén impidiendo actuar desde el amor.

¿Qué significa su enojo?

Ningún hijo nace enojado con sus padres, ni con sentimientos de decepción, ni de pérdida de la confianza. Estos tampoco surgen sin algún motivo real. Aparecen conforme sus padres se conducen a través del miedo —con sus actitudes de maltrato incluidas— y no guiados por su amor hacia él. El enojo de un hijo, más que asustar, debería mover a sus padres a la acción. Por eso, es inútil contrariarse y asegurarle que lo aman porque el hijo no lo siente así. En cambio, cuando los padres muestran interés por los sentimientos de su hijo y comprenden el mensaje que transmiten, sin defenderse o asustarse, brindan la oportunidad de comunicarse desde una base nueva. Dejan de actuar a la defensiva, para reconocer cuáles actitudes los han estado distanciando.

Actitudes por reconocer

Si los padres:

◆ Tachan a su hijo de mentiroso y se niegan a escucharle y creer en su palabra, el hijo se frustrará, acabará contándoles mentiras y actuando con arrogancia.

◆ Le faltan al respeto intentando hacerlo sentir mal, se sentirá humillado y germinará el odio dentro de él y desde ahí actuará.

◆ Pretenden convencerlo de que merece malos tratos, sentirá que son injustos y les perderá la confianza. Se volverá agresivo y violento.

◆ Insisten en demostrarle que necesita cambiar, se sentirá traicionado y les perderá el respeto. También perderá la confianza en sí mismo.

◆ Le muestran su enojo y decepción, y para callarlo son violentos con él, se irá llenando de rabia y rencor hacia ellos.

◆ Lo acusan de ser un mal hijo por quejarse o mostrar su sufrimiento, en algún momento se alejará y lo perderán para siempre.

◆ Aseguran que lo aman «a su manera», quizá están justificando sus comportamientos violentos y su hijo se resentirá con ellos.

¿Hay ayuda que no ayuda?

Jamás ofrezcas a tu hijo ayuda cuando tu verdadera intención es que cambie y se amolde a tus expectativas. Este es un grave error que cometen algunos padres; dan por hecho que cualquier problema es consecuencia de la actitud del hijo y se arreglará en cuanto logren reformarlo. Entonces se enfocan en esto y no en sanar la relación. Pareciera que no les interesa que su hijo se sienta amado ni que esté tranquilo y feliz, sino que deje de incomodarlos. Además, transmiten el mensaje de que pueden ser tan violentos o insensatos como deseen y su hijo tiene la obligación de soportarlo porque son sus padres y lo aman, aunque sus actos digan lo contrario. Estos padres que se niegan a asumir su responsabilidad en el dolor que provocan solo quieren reformar a su hijo sin el propósito de atenderse también.

¿No quiere ayuda?

Actuar desde el amor implica negarte a cambiarlo y a evitar convencerle de que le quieres ayudar. Saber que tu hijo interpretará que asumes que quien falla es él aumentará su enojo. Él no quiere tu «ayuda», él anhela que tú también te propongas mejorar la relación. Cuando actúas desde el amor, comprendes que no hay algo que cambiar, sino heridas que sanar; así que te propones, en vez de juzgar, mantener una actitud amorosa y receptiva hacia tu hijo. Dejar de lado las quejas y los ataques para empatizar con él.

¿Nada hay que defender?

Cuando los padres proceden desde el miedo, intentarán corroborar los juicios que hicieron sobre él. Se negarán a comprender que la actitud de su hijo es una respuesta a ofensas anteriores, solo asumirán que el problema es de él, o lo que es peor, que el problema es él. Entonces se eximirán y se rendirán sin darse la oportunidad de sanar. Por eso, un gran paso hacia el amor es aceptar con humildad que ningún padre o madre es perfecto, y que negar haber cometido errores es absurdo e irreal. Nadie puede asegurar que jamás se equivocó. Aceptarlo permite que podamos transformar el sufrimiento en comprensión y serenidad. Además, permite mirar a un hijo desde una perspectiva diferente, más humana y razonable. Al actuar desde la humildad todos somos fortalecidos.

PASOS HACIA LA SOLUCIÓN

Te invito ahora a aprovechar lo aprendido en este capítulo y a ponerlo en práctica, dando los siguientes pasos.

Reflexión

Un hijo cuyos padres le han herido se pregunta por qué, si sabían que dolía, han propagado el sufrimiento. No entiende por qué no intentaron detener el dolor y amar en vez de lastimar.

Qué hacer

Haciendo conciencia: Actuar desde el amor es un trabajo de hacer conciencia, observando nuestros actos, pensamientos y emociones en calma, sin justificarlos. Así iremos reconociendo lo que surge de nosotros y luego depositamos en nuestro hijo. Podemos empezar realizando este ejercicio:

Contesta «Verdadero» o «Falso». Respecto a mi hijo:

- ◆ Lo culpo de mis reacciones violentas o de mis emociones de dolor.
- ◆ Estoy seguro de que me provoca para actuar con impaciencia hacia él.

◆ Lo critico o rechazo, aunque aseguro que no hay ira dentro de mí, sino que se lo merece.

◆ Lo agredo de forma física o verbal, pero aseguro que se lo buscó o me ha provocado.

◆ No identifico mis reacciones coléricas, altaneras o de desagrado como heridas que permanecen latentes en mí.

◆ Reacciono con prepotencia y a la defensiva.

◆ Estoy convencido de que él me causa sufrimiento, me siento su víctima.

◆ Intento convencerlo de estar equivocado y que debe reconocer sus errores.

◆ Aseguro que su actitud se debe a que es grosero, desagradecido, o a las malas influencias.

◆ No siento que lo lastimo cuando actúo con violencia, más bien me justifico, incluso lo creo necesario.

◆ No identifico su enojo hacia mí como una consecuencia de mi trato hacia él.

◆ No me he percatado de actuar de alguna de las maneras anteriores, pero sí observo que cuando intento dialogar con mi hijo, terminamos disgustados.

Si has contestado «Verdadero» a una o varias respuestas, es probable que no sepas actuar desde el amor y entre tú y tu hijo no exista una buena comunicación.

Analiza y responde

Hemos visto que la única manera que tiene un hijo de mostrar su sufrimiento es a través de esas actitudes que tanto molestan a los padres. Pero estos, en vez de comprender que su hijo no es malo y solo comunica un mensaje, aumentan su disconformidad hacia él y le exigen que cambie. En vez de intentar dialogar, se ofenden porque su hijo les reclama haberlo lastimado. Sería bueno comprender que, si un padre hirió a su hijo, ahora le corresponde demostrar que no lo volverá a hacer.

- ¿Quién debe hacerse responsable del dolor que ha ocasionado?
- ¿A quién le corresponde demostrar que ya no va a causar dolor?
- ¿Quién debe dar el primer paso para sanar la relación?

Afirmaciones de amor

Hoy quiero actuar desde el amor porque:

✓ Amo a mi hijo.
✓ Quiero que mi hijo se sienta amado y feliz.
✓ Quiero tener una relación saludable y bonita con mi hijo.
✓ Quiero conocerme y amarme.
✓ Quiero evitar que me siga dominando el miedo.
✓ Quiero sanar, dejar mis heridas atrás.
✓ Quiero enseñar a mi hijo a amarse a sí mismo.

Retos para hoy

Analizar la raíz del enojo me permite descubrir que bajo ese sentimiento se encuentra la necesidad de que el amor se manifieste.

Intento detectar con cuánta frecuencia asumo que mi hijo está obligado a condescender cualquier conducta mía solo porque soy su padre o su madre.

Conclusión

El amor requiere de nuestro compromiso para funcionar.

* * *

En el siguiente capítulo hablaremos del dolor y sus consecuencias en la vida de todo ser humano. Al leerlo podrás reconocer las actitudes que tu hijo manifiesta y también si manifiestas alguna tú. Si encuentras alguna parte de la lectura en particular difícil, toma conciencia de tu respiración mientras colocas tu mano derecha sobre tu corazón y sientes el amor que contiene. Recuerda que en la búsqueda del bienestar tuyo y de tu hijo, ambos saldrán beneficiados. Respira con tranquilidad y permite que ese amor que hay en ti surja y te acompañe.

Capítulo 3

¿A dónde va el dolor?

Un hijo maltratado queda devastado emocionalmente.
Al asumir que si lo maltratan es porque lo aman,
aprende a confundir amor con dolor.

Hace falta preguntarnos: ¿a dónde se va el dolor que los padres depositan en su hijo? ¿A dónde va cada golpe, pellizco y humillación hacia él? ¿Y esos gritos de prepotencia, enojo o desprecio? ¿Qué ocurre cuando le aseguran que cuanto hace, dice o piensa está mal; cuando sus padres eligen decepcionarse o desconfiar de él en vez de conocer su verdadero ser? ¿Acaso el hijo podrá olvidar esas injusticias como si no hubieran ocurrido? Si no es así, entonces, ¿cuáles sentimientos surgen en él? Y después, ¿qué hace con su frustración y su rabia? ¿Podrá confiar en las personas cuando sus propios padres se negaron a conocerlo y amarlo? ¿Será posible para un hijo resistir indemne a una familia que viola sus derechos y destruye su autoestima? ¿Podrá convertirse en un adulto sano y sin traumas?

Aprende a defenderse

Cuando un hijo es pequeño, ignora cómo defenderse de un trato injusto hacia él. En cambio, cuando ha crecido, el temor que le daban sus padres ahora es fácil de manejar. Como se niega a mostrarse débil, aprende a escudarse de las agresiones mostrando el coraje que siente dentro de sí.

¿Cómo avanzar hacia el amor?

Es imposible cosechar amor donde se ha sembrado sufrimiento, por tanto, es incongruente exigir a un hijo lo que no se le dio. Si hubo irresponsabilidad y desatención de parte de los padres; si en vez de seguridad dieron golpes, gritos, peleas, rechazos, abusos y un trato poco digno, la consecuencia se verá reproducida en su actitud.

Un paso gigante hacia el amor es reconocer con humildad que cada hijo tiene alguna razón para su comportamiento. Sin ponerse a la defensiva, asumiendo ser padres intachables y alegando que no todo lo que se le dio fue malo. Es cierto, sin duda también vivió algunas experiencias bonitas, sin embargo, hay que reconocer que fueron las incongruencias entre las palabras y actos de sus padres las que ocasionaron que cayera en conductas rebeldes, groseras, incluso autodestructivas.

¿Devolver amor por dolor?

Por supuesto que los malos tratos ocasionan que el respeto hacia los padres disminuya, por eso, es imposible exigir compostura a un hijo que se vuelve rebelde. Sin embargo, es muy sencillo acusarlo de malagradecido cuando se defiende. Habría que ser objetivos y responder por qué, si sus padres afirman que solo le proporcionaron amor y respeto, él se muestra furioso, decepcionado y pone la mayor distancia posible entre sus padres y él.

- Los hijos no ocasionan problemas solo porque quieren hacerlo, por lo regular siempre hay una historia de sufrimiento tras ellos.
- Si no logra reconocer y sanar sus heridas, un hijo a quien sus padres no supieron respetar y amar se convertirá en un adulto triste y solitario, incapaz de mantener una relación sana.
- Aunque ese hijo quiere amar y ser amado, las heridas que cubren su corazón se lo impiden.
- En cambio, un hijo criado desde el amor amará a sus padres, logrará salir adelante, tendrá conciencia de sus actos y una autoestima sana. Sabrá vivir con amor.

SEÑALES DE NECESIDAD

Todo hijo —sin importar su edad— necesita recibir respeto, aprobación y afecto de sus padres. Si estos principios están ausentes, el hijo sentirá el vacío de no ser amado. Sin embargo, en ocasiones los padres son incapaces de reconocer las señales de esa carencia porque cuanto hay escondido en su inconsciente incide en su percepción de él. Para evitarlo, es importante observar si tu hijo actúa contra sí mismo porque eso aumenta el riesgo de que caiga en una serie de hábitos destructivos como:

Juzgarse

En vez de ser una persona segura ante lo que considera sus errores y debilidades, tendrá reacciones de ira contra sí mismo, será su propio juez. Vivirá con una fuerte sensación de estarse equivocando, de estar siempre mal, aunque no tenga claro en qué. Quizá creerá que es exigente y perfeccionista cuando en realidad se está criticando y rechazando. No sentirá seguridad para resolver sus problemas, se sentirá indeciso, con miedo a cometer un error.

Rogar amor

Siente una inmensa necesidad de cariño, un anhelo de respeto, de sentirse valorado. Eso le hará rogar amor, desesperado y hambriento, permitiendo cualquier abuso y humillación con tal de no ser abandonado. Se relaciona desde las expectativas, el apego y la codependencia emocional. No trabaja para sostener una relación sana, solo busca que no lo abandonen.

Recelar y desconfiar

Tampoco podrá establecer relaciones saludables porque dudará de las personas. Sus recelos e inseguridades provocarán conflictos con facilidad. Verá enemigos dondequiera. Al sentirse indigno de ser amado, reacciona con suspicacia, dondequiera ve deslealtad e intentos de traición.

Actos deshonestos

Creerá que cualquiera puede abusar de él. Que la gente es mala, que debe atacar antes de ser atacado y pelear para sobrevivir. Por esto, intenta sacar ventaja de cualquier situación. De ser más listo y aprovechar la ingenuidad y debilidad ajena, sin sentir remordimiento.

Pensar de forma catastrófica

Una serie de pensamientos fuera de control, catastróficos y aterradores, que asume que son normales, incluso premonitorios; le roban la calma. Viaja del pasado al futuro, ignorando cómo vivir en el presente. Se vuelve susceptible e incapaz de adaptarse, se queja de todo y de todos mientras un resentimiento profundo le impide agradecer y disfrutar la vida. Por momentos puede percibir que algo no funciona dentro de él, aunque ignora qué puede ser.

Actuar desde la ira

El dolor acumulado por las burlas, ataques, ofensas, golpes y pleitos se convirtió en ira esperando el momento de resurgir. Esto será constante y primará en la mayoría de sus acciones, llevándole a enojarse ante cualquier situación. Imagina que sus bravuconadas le hacen fuerte, así que se enfurece consigo mismo cuando manifiesta algún signo que considera de debilidad.

Asegurar ser la víctima

Piensa que ama cuando en realidad lastima, cree que actúa con respeto cuando es cruel o abusivo. No obstante, asegura que todo está bien en él, que quienes están mal son su cónyuge, sus hijos, sus compañeros de trabajo, el empleado de la tienda, la cajera, y todo aquel que cruce su camino. Siempre es la víctima, vive ofendiéndose; todos están mal, menos él.

SENTIMIENTOS DE DOLOR

Quizá ahora tu hijo tiene dificultades para comprender por qué sus emociones se confunden entre el odio y el amor. Sus conflictos internos le generan gran inquietud y le impiden pensar con claridad. Responde desde el enfrentamiento cuando percibe dentro de sí algunas de las siguientes sensaciones:

Sensación de soledad

Despierta cada día con una sensación de desamparo y soledad, de no ser importante para nadie, incluso aunque haya formado una familia. Se amarga con facilidad, pero cree que todos ignoran su tristeza. Sabe que sufre, pero no entiende por qué.

Sensación de injusticia

Como su frustración e impotencia no han podido ser resueltas, se mantienen latentes. Su reclamo de justicia conlleva esa sensación de que la vida algo le debe, que ha sido cruel y opresiva con él.

Sensación de fracaso

En vez de ver las dificultades como un reto, le generan una sensación de fracaso, le confirman que es un inútil. Que no tiene caso intentar cambiar de vida, que la felicidad y el éxito para él son imposibles. Asume que la desilusión será su eterna compañera, pues nadie lo va a valorar.

Sensación de estar perdido

Vive en constante sensación de estar confundido, perdido, desesperado sin comprender la razón de su vida. No se alegra de vivir, se siente destruido por dentro; pensar en la muerte aparece como un escape hacia la paz.

Sensación de estar muerto

Cuando pierde el deseo de vivir, afirma desear estar muerto. No realiza el mínimo esfuerzo por cuidarse, no se atiende, no le interesa alimentarse o asearse, pierde la esperanza. Se niega a hacer algo más por él.

Trastornos de salud mental

Cuando un ser humano —ya sea niño, adolescente o adulto— vive en un ambiente de violencia pasiva-agresiva, todos los aspectos de su salud se verán comprometidos. Por lo mismo, tendrá una muy alta probabilidad de padecer trastornos de salud mental como estrés, anorexia, bulimia, ansiedad y depresión, entre otros. Además, el riesgo de autolesionarse, caer en adicciones y el suicidio aumentan de forma considerable.

PASOS HACIA LA SOLUCIÓN

Ahora puedes aprovechar lo aprendido en este capítulo y ponerlo en práctica. Te invito a dar los siguientes pasos que te conducirán al amor.

Reflexión

Actuar desde el amor es comprender cómo el sufrimiento se manifiesta en nosotros, de esta manera podemos evitar que lastime a quien amamos.

Qué hacer

<u>Valentía:</u> Te invito ahora a ser valiente, a reconocer las consecuencias de no saber amar. Toma fuerza del amor que anhelas manifestar a tu hijo y de la necesidad de soltar el pasado. No temas hacerlo, esta es la parte más difícil, después será más sencillo sanar.

Ahora que conoces algunas de las señales de necesidad más frecuentes y las manifestaciones de los sentimientos de dolor, responde:

- ◆ ¿Has observado si tu hijo manifiesta alguna de las actitudes mencionadas?
- ◆ ¿Reconoces en tu hijo actitudes de necesidad o dolor?
- ◆ ¿Reconociste en ti alguna de ellas?

Regresa ahora a la lectura y señala todo lo que identifiques en ti. No temas subrayar, hacer anotaciones, tachar y agregar cuanto consideres necesario. Si reconoces y aceptas esa parte de ti, también podrás empatizar con tu hijo. Esto permitirá que logres pensar antes de actuar, entonces sentirás cómo el amor empieza a surgir de forma natural.

Afirmaciones de amor

- ✓ No intento cambiar a mi hijo, pues sé que, en vez de aceptarlo, le indico que hay algo «malo» en él que me impide amarlo. Por eso busco la manera de conocer cómo es realmente, escuchando sin rechazar.
- ✓ Sé que mis heridas van a interferir para evitar que escuche, apruebe y apoye a mi hijo, por eso me avoco a hacerlas conscientes y sanarlas.
- ✓ Comprendo que el amor de un padre o una madre se demuestra cuando se niega a causar sufrimiento. Cuando se

esfuerza en sanar sus heridas para mirar a su hijo sin esa venda en los ojos llamada «temor».

Retos para hoy

Es común tener sentimientos encontrados por descubrir el no haber sido tan perfectos como creímos ser. Lo entiendo y decido ofrecer amor a partir de hoy.

Me propongo aceptar amorosamente que en la vida hay momentos de dolor; eso me dará sosiego.

Me enfoco en no juzgar ni rechazar, pues esto es síntoma de obstinación. Tomo en cuenta que este camino no nos lleva a ser perfectos, sino a volver al amor.

Conclusión

No se puede creer que un hijo es conflictivo
si sus propios padres le causaron sufrimiento.
En todo caso, los conflictivos serían sus padres.

* * *

En el siguiente capítulo hablaremos de los distintos tipos de padres y cómo influye cada uno en la vida de sus hijos. Siendo lo más sincero posible contigo mismo, identifica a cuál tipo perteneces. Hazlo con amor y empatía hacia ti. Sé bueno contigo, no te regañes ni te juzgues si no te gusta lo que descubres. El amor hacia ti mismo te conducirá a la solución.

Parte 2

Reconociéndonos

No busques la solución fuera de ti,
tú eres la solución.

Capítulo 4

Amor de padres

Que no todos los padres sepan amar a sus hijos
es una realidad que se debe aceptar.
Esto les permitirá reconocer sus límites, pedir ayuda y sanar.
Mientras continúe negándose, se perpetúa el maltrato hacia los hijos.

En las dificultades entre padres e hijos no todos los padres reaccionan igual, cada quien lo hace de acuerdo a sus heridas y el grado de conciencia al que haya llegado. Según la forma en que responden, se reconoce tanto su amor propio como el que pueden ofrecer. Solo aquellos que son conscientes de haber ocasionado sufrimiento y se rehúsan a continuar haciéndolo pueden llevar la relación con su hijo a un nivel diferente.

DISTINTOS TIPOS DE PADRES

Padres comprometidos a amar

Es el padre que pretende sostener una relación sana con su hijo así que se esfuerza en lograrla. Reconoce con honestidad cuáles fueron sus aciertos, pero también aquellas actitudes que pudieron fragmentar la relación. Comprende que un vínculo sano requiere dedicación así que se propone trabajar para obtenerlo. Como no da por hecho que la culpa es de su hijo, ante el conflicto analiza sus actos y reconoce sus actitudes ofensivas. Está dispuesto a trabajar en su interior con paciencia y perseverancia, sabe que su hijo se fortalece cuando recibe de él un trato digno y respetuoso.

Padres que quieren sanar

Algunos padres son conscientes de que algo se dispara en su interior y los lleva a actuar de una forma que no desean. Saben que ocasionan dolor a su hijo y les duele hacerlo, pero como ignoran qué les ocurre, de pronto se sorprenden actuando como se propusieron no hacerlo. Sin embargo, están decididos a conocerse y sanar. Por eso buscan una solución, leen, consultan profesionales, hacen cuanto pueden por enmendar su actitud. Lo intentan una y otra vez y se alegran cuando observan que han progresado. Reconocen ante sus hijos sus fallos, se disculpan y vuelven a empezar.

Padres que justifican el lastimar

Hay muchos padres que son conscientes de que su amor hacia sus hijos no es como les gustaría. Reconocen que se les dificulta abrazarlos, respetarlos y comunicarles amor. Aunque esto puede hacerlos sentir mal, les es complicado comportarse de un modo diferente e ignoran la razón de ello. Incluso creen que es su forma de ser y que nada podrá cambiarlos. En ocasiones pueden detectar en su interior ideas que les asustan porque toman forma de desconsideración y arrogancia ante la indefensión y vulnerabilidad de su hijo. Incluso de satisfacción al ocasionarle sufrimiento, al ofenderlo, golpearlo y humillarlo. Asustados ante su insensibilidad, sienten remordimiento que luego dejan pasar, esperando quizá que su hijo olvide que le han lastimado. Imaginan que no habrá secuelas del sufrimiento que causaron. Aunque pueden sentirse culpables, como el interés en remediar su comportamiento no perdura, con el tiempo vuelven a repetirlo.

Padres que destruyen a sus hijos

Hay también padres que se niegan a reconocer que sus actitudes hacia su hijo han estado plagadas de constantes y dolorosos ataques. Para defender su inconciencia, aseguran que su hijo merecía ese trato. Le acusan de mal comportamiento, capaz de provocarles enfado y desesperación. Actúan de forma cruel y despiadada, pero se niegan a responsabilizarse, incluso tienen la seguridad de que su hijo lo necesitaba. Para eximirse, estos padres lo acusan de ser ingrato, bravucón, grosero y más. Cuando su hijo les manifiesta su sufrimiento —de cualquier forma que lo haga—, le dicen que el problema es él. Niegan que haya alguna relación entre su desdén y el comportamiento de su hijo porque no reconocen su violencia ni intentan actuar de otra manera. Pareciera que eligen depositar cuanta rabia sienten en su hijo, incluso se creen con derecho a hacerlo.

La causa es la inconciencia

Sí, los padres que causan dolor a veces ni siquiera son conscientes de ello y solo en raras ocasiones planean de modo deliberado hacer daño. Más bien, actúan de forma inconsciente, sin tener claras las causas y mucho menos las consecuencias de sus actos. Actúan de la manera que han normalizado y en automático, aunque estén destruyendo a su hijo. Ejercen su agresividad sin reflexionar en el daño que provocan. Están convencidos de que siempre actúan por su bien, para corregirlo, o para evitar que se «eche a perder». No reflexionan en el dolor emocional que ocasionan, les es más sencillo acusar a su hijo de conflictivo que analizar y rectificar su comportamiento hacia él.

Estos padres toman decisiones que afectan la vida de sus hijos sin considerarlos. Ignoran sus necesidades emocionales o las supeditan a sus propias necesidades. Se dejan llevar por la emoción del momento sin analizar si les afectarán de alguna manera. Por ello, no piensan antes de actuar, solo hacen cuanto se les ocurre, siendo negligentes, incluso abandonando la responsabilidad de velar por la seguridad de sus hijos. Quizá imaginan que sus hijos tienen la capacidad emocional y la fortaleza para salir indemnes aun y cuando se les haya negado un ambiente familiar sano y respetuoso. Para ellos nunca será una prioridad ofrecer a sus hijos el poder confiar en unos padres que se preocupan por su bienestar.

Padres, no víctimas

Aunque se nos dificulte admitirlo, los padres no somos víctimas de nuestros hijos; ellos no tienen intención de lastimarnos ni actúan con premeditación para hacernos sentir mal. Cuando un hijo actúa de un modo que nos desagrada, más que regañarlo o rechazarlo, necesitamos averiguar por qué se comporta así. A pesar de todo, a estos padres les cuesta recapacitar y ser humildes. En vez de ello, defienden sus ideas y sus comportamientos, luego se hacen los ofendidos. Asumen que su hijo no tiene derecho a reclamarles y menos aún a estar enojado. Eligen sentirse víctimas. Como si los agraviados fueran ellos, exigen de cuanta forma es posible a su hijo ser diferente y a responsabilizarse de los conflictos. Mantienen un trato déspota y creen que amedrentarlo es la solución. No comprenden que ahora les corresponde reconocer y rectificar sus errores para cambiar de actitud.

Padres que lastiman a sus hijos

Algunos padres creen que pueden lastimar a sus hijos y no habrá consecuencias. Estos padres:

- Están decididos a ignorar y menospreciar lo que sienten sus hijos, no les importa si los dañan.
- Aseguran que siempre tienen razón, así que su actitud es de desafío hacia quien piensa diferente.
- Actúan de forma impulsiva, sin pensar en las consecuencias, aunque afecten de forma permanente a sus hijos.
- Si su hijo se queja, lo juzgan, lo llaman «estúpido o idiota», lo único que les importa es eximirse de su obligación de actuar con respeto.

Además:

- Tienen comportamientos arrogantes y perversos, se niegan a reconocer que puede haber un modo diferente de actuar por el bien de sus hijos.
- Con frecuencia eligen arreglar los problemas con violencia —física y verbal—, o logrando que se les tenga miedo.
- Son deshonestos, incapaces de establecer compromisos y de forjar lazos fraternales. Disfrutan negándose a cumplir cualquier norma.
- Se burlan de los valores y los derechos humanos, pero están convencidos de que es al contrario, y son los otros quienes se burlan de ellos.

- Carecen de empatía. Piensan que el mundo debería funcionar de acuerdo a sus ideas, así que siempre encuentran razones para juzgar y criticar.

JUSTIFICACIONES DE NUESTRO ACTUAR

Cuidado con las excusas y justificaciones

Ten cuidado con caer en el autoengaño de excusarte o justificarte. Quienes lo hacen piensan que se eximen cuando en realidad se estancan y sabotean. Las excusas son mentiras que, si no se detectan y detienen, sabotearán la vida. La única manera de vencerlas es reconocerlas y evitar usarlas. Asumir con valentía la responsabilidad de nuestros actos y consecuencias, recordando que un hijo no puede ser responsable de lo que sus padres han hecho.

Excusas: argumentos inútiles

No obstante, hay ocasiones en que los padres se aferran a ellas, como inútiles argumentos, para evitar actuar de forma diferente. Como consecuencia, el hijo —decepcionado de sus padres— sabe de antemano la respuesta que recibirá. Además, interpreta que para su padre no es importante, pues prefiere prolongar su actitud desdeñosa a tener un acercamiento con él.

Conocer y evitar utilizar cualquier excusa nos permitirá comunicarnos de forma más afectuosa, escuchando a nuestro hijo sin sentirnos víctimas y sin perpetuar nuestra actitud. Aquí están algunas de las más frecuentes:

Los padres ¿no se equivocan?

¿Has notado cómo está generalizado que los padres no se equivocan y pueden actuar con sus hijos como les venga en gana? Nadie los cuestiona, incluso se cree que analizar sus actos es juzgarlos, que es mal hijo o mala persona quien lo hace. Se da por sentado que actúan siempre bien y nadie tiene derecho a reclamarles. Si te fijas, los padres son intocables; socialmente son protegidos con devoción incondicional. Se cree que sus actos son consecuencia de su inmensa sabiduría, incluso se afirma que son capaces de ofrecer un amor ilimitado. Como ves, esta idea es terrible, pues quien la defiende asume que nadie tiene derecho a corregirlo o a decirle cómo actuar, ni siquiera su hijo, aunque sea el principal afectado.

¡Así soy yo!

Muchos padres justifican sus comportamientos asegurando que es su manera de ser y, por lo tanto, se les debe de aceptar como son. Se niegan a razonar o a reconocer que han sido irrespetuosos. Mantienen su postura asegurando que siempre les ha funcionado, y si alguien se queja, pues que no se acerque o no los trate. «Si te gusta, bien; si no, también», pregonan. Suponen que su hijo debe aguantar sus malas actitudes, que es su prerrogativa por darle la vida. Como niegan que sus actitudes causan sufrimiento, no aceptan que implementar nuevas estrategias y reaccionar de un modo diferente puede mejorar la interacción con su hijo. Se aferran a frases como: «Esa es mi personalidad», «no soy cariñosa», «no me gusta abrazar», «así hablo», «así me trataron a mí», para eludir empatizar con su hijo.

Todos los padres lo hacen

Algunos padres justifican sus comportamientos asegurando: «A mí también me lo hicieron y mírame, estoy bien». Con esto tratan de excusar los malos tratos, aduciendo que el hijo exagera, pues un grito o un golpe no son para tanto. Que, al contrario, van a fortalecer su carácter. Como creen que los golpes que recibieron no hicieron mella en ellos, se consideran un modelo de solidez emocional. Se ufanan al afirmar que son el mejor ejemplo de que causar sufrimiento a un hijo no deja secuelas en su vida posterior (y con esta idea demuestran justamente lo contrario). Mientras, van generando problemas y situaciones conflictivas con cuanta persona se relacionan. Estos mismos padres son los que aseguran que son las víctimas, que les hacen daño y que los otros son los que están mal.

Ya nada se puede hacer

Algunos padres aseguran que han hecho cuanto pudieron para solucionar los conflictos, pero su hijo no puso de su parte. Niegan que el cambio empieza por ellos mismos, más bien, esperan que algo externo resuelva la situación. Dan por perdida la relación antes que asumir su responsabilidad en sanarla. No les interesa conocer otras opciones, solo piensan que ya hicieron cuanto podían y no tiene caso invertir más tiempo. Ya sea por pereza, ignorancia o miedo, se niegan a intentarlo siquiera. Cualquier alternativa es percibida como amenaza y prefieren continuar igual a reflexionar en lo que pueden mejorar.

Lo inútil de las justificaciones

Nada justifica agredir a un hijo. Aclarar que un dolor de cabeza nos consume, que tuvimos un mal día, o que así nos trataron a nosotros no cambia lo ocurrido. Mucho menos culpar a un hijo, decir que es él quien nos obliga a actuar así. Al justificarnos no disminuimos nuestra responsabilidad en los conflictos, por el contrario, agravamos más la situación. Al evitar conectar y comprender a nuestro hijo, le negamos su derecho a estar enojado por nuestros malos tratos y con esto lo obligamos a aceptar la violencia como algo normal. Sin embargo, esa actitud no cambia la realidad: ningún hijo tiene por qué callar, soportar, aceptar ni justificar que sus padres lo hayan herido o maltratado. Mucho menos solapar con su silencio ese comportamiento. Además, el dolor infligido siempre tendrá consecuencias.

Huye de las excusas

Si te encuentras justificándote recuerda que las excusas serán detectadas por tu hijo y no las creerá. Empezará a tener coraje contigo porque para él reflejan pereza y falta de interés. Tu hijo está convencido de que, si lo amaras, estarías buscando una verdadera solución. No defenderías haber causado sufrimiento. Buscarías construir en vez de destruir.

El amor requiere integridad

Actuar como si nunca nos equivocáramos es absurdo, nuestro hijo nos conoce, sabe que no somos congruentes y aun así es capaz de amarnos. Solo sufre porque piensa que nos falta valentía e integridad. Que queremos perpetuar malos hábitos a costa de lastimar a los demás. Cuando nos negamos a justificarnos encontramos resultados muy positivos. Descubrimos que en las palabras de nuestro hijo hay un intento de comunicación sincera. Esto no significa que debamos esperar a que él niegue sentir enojo o resentimiento hacia nosotros. Significa más bien que existe la oportunidad de volver al amor y si nos disponemos a derribar las barreras que nos separan, podremos lograrlo.

RECONOCIENDO

Este momento es tu oportunidad

Reconocer que no lo sé todo me libera. Al hacerlo me daré la oportunidad de aceptar mis límites con humildad. Una actitud de comprensión y aceptación brinda seguridad a mi hijo, quien no se sentirá presionado por demostrar que tampoco se equivoca, ni juzgado cuando lo intente otra vez.

* * *

El padre inicia la paz

✓ En el inicio de la paz y la comunicación, el padre debe poner el ejemplo. Con su actitud paciente y conciliatoria muestra interés en mejorar la relación.

✓ Es al padre a quien le corresponde iniciar el camino que los sanará a ambos y conducir a su hijo hacia él.

PASOS HACIA LA SOLUCIÓN

Para aprovechar lo aprendido en este capítulo y ponerlo en práctica, te invito a dar los siguientes pasos.

Reflexión

Ser un buen padre y lastimar o agredir a un hijo no tienen relación. Quien lo cree le falta el respeto a su hijo y a sí mismo. Para evitarlo, trata de recordar que aferrarte a causar dolor es actuar con prepotencia y arrogancia y ese no es el mensaje que quieres comunicar.

Afirmaciones de amor

- ✓ Comprendo que cuanto he hecho no me define. Soy amor; puedo esparcir amor en el momento en que me proponga hacerlo.
- ✓ Tengo la seguridad de que estoy a tiempo, solo hay que trabajar para hacerlo realidad.
- ✓ Hoy decido actuar desde el amor, desafiaré cualquier excusa que aparezca en mí. No pensaré si es justo, solo haré lo que mi corazón me pide.
- ✓ Hoy inicia una comunicación amorosa y diferente con mi hijo.
- ✓ Al actuar desde el amor mostraré a mi hijo mi inmenso amor por él.

Retos para hoy

Si mi hijo dice que no lo amo, le pongo atención. Reconozco que está diciendo su verdad.

Comprendo que justificar mis actos no me exime de mi responsabilidad.

Conclusión

Hay muchos padres que, como consecuencia de sus heridas,
necesitan aprender a amar.

* * *

El siguiente capítulo te permitirá comprender las consecuencias del dolor y te alentará a tomar decisiones importantes que pueden mejorar la relación con tu hijo para siempre. Te invito a reflexionar con calma sobre lo que vas leyendo; no te apresures. Siente cada frase como tuya, aprópiate de cada palabra. Permite que el amor que sientes por tu hijo se manifieste y te guíe hacia la solución.

Capítulo 5

¿Quién hirió a mi hijo?

Los padres son los únicos que ocasionan que su hijo
deje de amarlos y respetarlos.

Hay aún quien se atreve a negar el daño que el maltratar a un hijo ocasiona. Sin embargo, es preciso recalcar fuerte y claro que el dolor sufrido por estas acciones de los padres puede ser insuperable, puede colmar de heridas el corazón de su hijo y puede dejarlo marcado para siempre. Es más, si le aseguraron que lo hacían por amor, hacerse consciente de estas heridas y sanarlas puede tomarle toda la vida. De ahí que, constantemente, los hijos heridos manifiesten esa desdicha que les impide vivir en paz. No obstante, algunos padres, aun sabiéndolo, no aceptan que fueron capaces de causar sufrimiento y, por supuesto, su resistencia no ayudará a sanar la relación.

SEMBRAR DOLOR

Quien sufre siembra dolor

Los padres que se niegan a reconocer haber causado dolor intentan desestimar en qué medida los malos tratos debilitaron a su hijo. Al dar por hecho que sus «correcciones» evitaron que se equivocara de camino, no relacionan sus agresiones con los problemas que hoy presenta. Creen que se comporta con desagradecimiento y rebeldía porque está «desubicado». Aseguran que así nació, o que las malas amistades lo indujeron a ser belicoso, a autolesionarse, a drogarse. Que su pareja lo dejó por insoportable. Se aferran a que su hijo «está mal» como única explicación; es preferible acusarlo a él que aceptar que no supieron amarlo. Incluso afirman que fueron excelentes padres, pero que, de la nada y sin razón alguna, su hijo se «echó a perder». La conciencia asoma cuando, ante alguna situación de extrema gravedad, se preguntan con honestidad qué le ocurre. Esos padres tendrán que aceptar que, como es imposible que haya nacido rebelde y enojado, su comportamiento debe tener algún origen, aunque se rehúsen a reconocer cuál es. Conviene que tomen en cuenta que, si sembramos dolor en un niño, dolor cosecharemos cuando sea adulto.

El amor protege

Por supuesto, tal vez en ocasiones factores ajenos a la actitud de los padres traumaticen a un hijo. Es verdad que en la vida hay eventos dolorosos que pueden afectarle mucho. Sin embargo, cuando los padres actúan con amor, crean una barrera de contención que evitará que estas situaciones influyan negativamente en él o que, al menos, le dará fortaleza para enfrentarlas. Si un hijo es tratado con respeto, es difícil que sea débil ante personas conflictivas o situaciones problemáticas. El amor de sus padres lo vuelve resiliente, le enseña a cuidar de sí mismo y le da fuerza para sanar la mala experiencia vivida.

Raíces del pasado

¿Quién planea arruinar la vida de un hijo? El hecho de que un padre o una madre no colme de amor a sus hijos tiene raíces profundas en un pasado doloroso. Es un eslabón de una larga cadena de hijos maltratados, condenados a maltratar también a sus propios hijos, validando así las terribles enseñanzas provenientes de muchas generaciones atrás. Por años, estos hijos, ya convertidos en padres, al no saber cómo amar, repiten el daño recibido. ¿Qué puede detener esta condena? Solo darse cuenta de lo que ocurre y detectar la forma en que se transmite el dolor. Lograr que cada padre se atreva a cuestionarse cuál es la verdadera razón tras los conflictos con su hijo y deje de responsabilizarlo por ellos. Vale la pena hacer hincapié en que cualquier forma de maltrato atenta contra el adecuado desarrollo físico, emocional, social y cognitivo de un hijo. Si no logra sanarlo, si se le dificulta amarse a sí mismo y, por consiguiente, sostener una relación sana con sus propios hijos, será un padre que maltratará.

Cadenas sigilosas

Por generaciones, muchos hijos han sido víctimas de la errada presunción de que para educarlos era necesario recurrir a la violencia. Esta idea, basada en amedrentar el espíritu de los niños, todavía prevalece (aunque cada vez haya más conocimiento acerca de las consecuencias del maltrato, es urgente un cambio de conciencia social). Asimismo, deja profundas huellas en las traumatizadas víctimas, a quienes incluso se les convence de que necesitan gritos, castigos, abusos y golpes, y ven destruidas su inocencia y buena fe. Esos hijos que confiaban en sus padres aprendieron a confundir amor con dolor y a vivir con miedo, el cual, ya anidado en su interior, brota sin control años después. En ese momento, en vez de proteger y amar a sus vulnerables e indefensos hijos, se disponen a destruirlos también. De esta manera, el maltrato avanza sigilosamente y se repite en cada familia. Lamentablemente, en tanto no tomemos conciencia de ello, no podremos evitar transmitirlo.

Nada que agradecer

Una idea generalizada —y causante de mucha violencia— es que a los hijos hay que corregirlos «a tiempo». Muchos adultos afirman estar agradecidos por haber recibido «correcciones» en absoluto recomendables —nalgadas, pellizcos o bofetadas, entre otras—, creyendo que así sus padres evitaron que se hicieran «malos» (como si se pensara que los niños nacen con tendencia a la maldad). Investigaciones demuestran que esto es absolutamente falso. Por el contrario, los hijos educados con amor suelen convertirse en personas maduras, justas, compasivas y con capacidad de servicio. En cambio, todos los estudios neuropsicológicos sobre las consecuencias de la violencia demuestran que el maltrato hacia un hijo le causa múltiples alteraciones neurológicas y lo destruye emocionalmente. Cada herida ocasionada germina en su interior, le roba tranquilidad y confianza en sí mismo, le enseña que no es suficiente, que tiene que cambiar para ser amado, intensificando su inseguridad y hambre de aprobación. La rabia y la frustración se acumularán, y lo volverán insensato y despiadado. Se llenará de odio contra sí mismo y repetirá en otros el daño cometido.

Violencia

Según diversas investigaciones, las repercusiones psicopatológicas de la violencia intrafamiliar y los episodios de maltrato en la infancia demuestran que la violencia en el hogar es la causante principal de graves problemas emocionales y está muy relacionada con la mayoría de los trastornos de personalidad.

Admitir el maltrato recibido

Es importante que los padres-víctimas de violencia reconozcan que fueron hijos maltratados. Sin embargo, la lealtad incondicional hacia sus padres, aquella que se les impuso desde niños, les impide hacerlo. Por eso, al ser padres también, aunque estén causando sufrimiento, exigen lealtad a su hijo. Al no aceptar sus propios sentimientos de dolor, niegan los mismos en él. Sienten que fueron buenos hijos porque callaron las humillaciones recibidas y mostraron su voluntad de obedecer a sus padres. Asimismo, imaginan que van a educar «bien» a sus hijos cuando en realidad están tan inmersos en el dolor que ni siquiera alcanzan a identificarlo. Al convertirse en padres y con tantas heridas sin sanar, solo tienen la seguridad de que devoción y obediencia son sinónimos de haber criado buenos hijos. Por eso están dispuestos a obtenerlas de su hijo incluso a la fuerza.

¡Basta de secretos!

Una sabia frase dice: «Estamos tan enfermos como nuestros secretos». En efecto, vale la pena analizar por qué algunos sectores de la sociedad siguen exigiendo a los hijos guardar silencio respecto de las agresiones que sus padres cometieron con ellos. Por qué ser un buen hijo significa solapar maltratadores, violadores, incluso asesinos. Veamos:

- El hijo que se atreve a denunciar a su padre o a su madre es objeto de innumerables críticas, cuando debería ser al contrario. Si bien se ha avanzado en este sentido, todavía se le exige guardar en secreto el dolor padecido y mantenerse leal y agradecido a sus padres, sin importar que le hayan arruinado la vida.
- Insistir en que todos los padres aman a sus hijos permite que la violencia hacia los niños sea uno de los crímenes más solapados y tolerados. Por desgracia, en la mayoría de los casos, el criminal queda impune.
- Muchos crímenes contra los niños se evitarían si se les escuchara cuando denuncian, porque la sociedad ahora está dispuesta a creerles, defenderlos y enjuiciar a sus agresores, aunque sean sus padres.
- Presionar a un hijo para que mantenga en silencio su padecer disminuye la posibilidad de sanarlo.
- De un hijo se espera que, sin importar lo que haya recibido de sus padres, siempre deba mostrarse agradecido con ellos.

DUDAS QUE INQUIETAN

¿Fue mi culpa?

Como puedes darte cuenta, muchos padres crecimos necesitados del alimento principal para nuestro espíritu: el amor. Sin embargo, en vez de entregárnoslo, nos obligaron a creer —por las malas y desde hace demasiadas generaciones— que para mantener bajo control a un hijo y lograr mayor obediencia y disciplina de su parte era necesario causarle sufrimiento. No se hablaba de forjar una autoestima fuerte, mucho menos de respetar. Se daba por supuesto que los padres aman a sus hijos y lo que hicieran con ellos estaba bien, aunque les arruinaran la vida (algo que jamás consideraron). Por consiguiente, si nuestros padres solían maltratarnos, en vez de comprender el daño que nos ocasionaban, afirmaban que lo hacían «por nuestro bien», para disciplinarnos. Nos dijeron que, si nos negábamos a ser dóciles y obedientes, o si ocasionábamos problemas, recibiríamos un castigo con tunda incluida. Nos aseguraron que los provocábamos y que solo a golpes entenderíamos. Que los merecíamos por ser traviesos y portarnos mal. Y como nuestros padres eran lo máximo, les creímos cuanto dijeron. Que la violencia era por amor, que estábamos mal y maltratarnos era necesario para corregirnos y protegernos de nosotros mismos. Así aprendimos a sentirnos culpables de nuestra curiosidad, de ser activos y de soñar. Ese trato nos convenció de no ser tan valiosos como en realidad somos. Con esto nos prepararon para hacer lo mismo con nuestros hijos.

¿Cuáles son mis falsas creencias?

Si nos es difícil relacionar el maltrato como causa de sufrimiento, es porque nos convencieron de que:

- Lo merecíamos.
- Lo provocábamos.
- Éramos malos hijos.
- No era maltrato, sino medida de corrección.
- Lo hacían por nuestro bien.
- Era un acto de amor.

Lo cierto es que, si no hemos sanado nuestras heridas, haremos interpretaciones erróneas, actuaremos guiados por el miedo y causaremos dolor.

¿Por qué se hiere a los hijos?

Como consecuencia, cuando los hijos maltratados se convierten en padres, tienen en su inconsciente el miedo a volver a ser heridos. Para protegerse, desarrollan diversas actitudes de defensa que se activan inadvertidamente, que los ciegan y condicionan para reaccionar agrediendo a su hijo cuando suponen que intenta sobrepasarlos. No están conscientes de sus actos, no se detienen a pensar que su hijo no comprende por qué le agreden, solo están convencidos de que hay que vencerlo. No se percatan de que su verdadero enemigo está oculto en su interior, dominándolos, ocasionando que reaccionen sin controlar sus emociones, con mayor furia, más a menudo y —lo que es aún peor— negando su responsabilidad. En realidad, todas estas actitudes revelan sus heridas y si analizan su origen, podrían descubrir el miedo detrás de cada una de ellas.

¿Es mi hijo el enemigo?

Si los padres actúan guiados por el miedo y reaccionan dejándose llevar por él, es porque de forma inconsciente dan por hecho que, así como sus propios padres los agraviaron, ahora también su hijo lo hará. Y como, dada su vulnerabilidad infantil, les fue imposible poner un alto a sus progenitores, es fundamental impedirle a su hijo que los lastime. Reaccionan durante años con cualquiera de las actitudes mencionadas sin ser conscientes de ellas y sin reconocer el dolor que ocasionan. Solo suponen que su hijo es el enemigo y hay que ponerle un alto.

Después, cuando aparecen las consecuencias de no haber sabido amarlo, reafirman lo que pensaban de su hijo: que les decepcionó y merecía cuanto le hicieron. Sienten enojo, lo rechazan y continúan maltratándolo a ver si así logran corregirlo. Cuando el hijo manifiesta su sufrimiento, en vez de comprender la situación y volver a relacionarse con amor, le dicen cuánto le falta para ser aceptado. Se quejan de él y de todo lo que en él depositaron y lo critican constantemente. Incluso creen que cuando le señalan lo que —según ellos— hace mal y lo que debería hacer para ser mejor persona, actúan con la mejor intención y lo ayudan. No comprenden que destruyen la autoestima de su hijo (ninguna persona a quien con frecuencia le aseguran no ser valioso podrá resistir semejante maltrato).

Un hijo a quien una y otra vez se le indica que necesita ser diferente, «echarle ganas» para ser como sus padres le indican, acabará convencido de que es un desastre. Por lo común, los padres no están conscientes de lo que ocasionan, más bien, se limitan a reaccionar causando dolor, luego se eximen y acusan a su hijo de rebeldía, desatención o indolencia. Creen que actúa solo por pereza o con ánimo de molestar.

¿Me quiere lastimar mi hijo?

A medida que a los padres se les dificulte más controlarse, se convencerán de que su hijo es el culpable de sus malestares, lo cual aumentará su violencia y enojo hacia él. Al colocarse en esta posición, eluden responsabilizarse de sus actitudes y generan en su hijo inseguridad, culpa y, en casos extremos, deseos de morir. Si al culparlo logran que este les pida perdón, prevalecerá en ellos la idea de que requiere los malos tratos. Una vez que lo «etiquetan», ajustan la realidad a su perspectiva, le atribuyen cuanto problema ocurra y se niegan a analizarse a ellos mismos.

¿Por qué culpa un padre a su hijo?

- Porque se convence de que él es el problema y es él quien tiene que cambiar.
- Para librarse de la culpa y depositar en él la responsabilidad de solucionar el conflicto y mejorar la relación.
- Porque, buscando proteger su imagen, reacciona sin pensar en las consecuencias de acusarlo de forma falsa e injusta.
- Porque se siente víctima y ve en él a su victimario. Además, lo convence de que lo es.
- Porque está seguro de nunca haberse equivocado, de modo que la única explicación aceptable para su comportamiento es que su hijo lo hace adrede para provocarle dolor.

¿Por qué reaccionan así los padres?

Al ser dirigidos por el miedo, abusan del poder que tienen sobre su hijo sin detenerse aun sabiendo que lo hacen sufrir. Inconscientemente, confunden y vinculan algunas situaciones del pasado con el momento presente y reaccionan protegiéndose. No comprenden cómo se refleja el sufrimiento, por lo que se vuelven susceptibles a los comportamientos ajenos y suponen que se intenta hacerles daño.

¿Cuándo surge el miedo en vez del amor?

Si los padres no son guiados por su conciencia despierta y plena de amor —sino por esa herida que aún no identifican, pero que llevan impresa—, dejan que el miedo se interponga entre ellos y su hijo. Por eso, ante el comportamiento grosero o rebelde de su hijo, suponen que este intenta volverse contra ellos, desafiar su autoridad y ponerlos en riesgo. Algunos se atreverán a asegurar que nació con tendencia a la maldad y querrán corregirlo a golpes. Estas actitudes son una evidente señal de alerta de que están reaccionando desde el miedo.

Detectar dicha señal les permitirá identificar algunos comportamientos que hay que evitar:

- Malinterpretan la realidad y creen que son víctimas, que su hijo los provoca faltándoles al respeto y comportándose con malicia («Lo hace adrede», «no quiere entender»).
- Como medio de defensa, adoptan actitudes que ocasionan dolor y disposición para atacar ante la menor percepción de peligro.
- Convencidos de que son amenazados, no sienten que actúan con agresividad. Solo eligen sufrir, sentirse víctimas, justificarse y culpar a otros de la situación.
- No distinguen que esas actitudes surgidas desde el miedo en realidad los destruyen, los alejan del amor y los separan de sus hijos.
- No toman conciencia del miedo y de la necesidad de controlarlo; más bien, suelen negarlo, lo cual dificulta su sanación.

¿Herir es normal?

No, herir no es normal. Causar dolor a un hijo no se debe normalizar. Por eso es preciso que los padres que fueron víctimas de violencia comprendan que, si han causado dolor, es porque normalizaron este al recibirlo; ahora, para dejar de transmitirlo, tienen que sanar lo que lo origina. Para algunos esto no resulta sencillo, se les complica reconocer que tienen heridas. Temen escarbar en su interior, pues creen que eso significaría aceptar haber sido malas personas. Como víctimas que fueron también del maltrato, optan por asegurar que no han cometido errores y siguen causando dolor. Tal vez preferirían convencerse de que han olvidado el pasado, pero este siempre acarrea consecuencias y es probable que los marque si no hacen algo para evitarlo.

PASOS HACIA LA SOLUCIÓN

Para aprovechar lo aprendido en este capítulo y ponerlo en práctica, te invito a dar los siguientes pasos.

Reflexiones

Qué difícil es descubrir que *algo* le ha causado sufrimiento a mi hijo, un ser que al nacer era solo amor. Cuán doloroso es reconocer que ese algo fui yo. Qué valiente es atreverme a sanar por amor.

Dar por hecho que el amor hacia un hijo surge de forma natural, fomenta la creencia errónea de que esas actitudes de rabia, frustración, exasperación, decepción, etc. son causadas por el amor de padre, y que actuar de ese modo ayuda a proteger a su hijo. Tal presunción impide reconocerlas como lo que en verdad son: agresiones que ocultan las heridas internas.

Qué hacer

A nosotros, los padres, nos corresponde descubrir por qué elegimos causar dolor. Reconocer que, sin duda, detrás de cada agresión hacia los hijos está el miedo. Las siguientes son actitudes de violencia y maltrato que te recomiendo evitar:

- Abandonar
- Abusar
- Acusar
- Aislar
- Agredir
- Alienar
- Amenazar
- Arañar
- Burlarse
- Cachetear
- Chantajear
- Confabularse
- Controlar
- Cortar
- Criticar
- Culpar
- Descalificar

- Desconfiar
- Desdeñar
- Discutir
- Encerrar
- Encolerizar
- Engañar
- Erotizar
- Exasperar
- Frustrar
- Golpear
- Hambrear
- Herir
- Huir
- Humillar
- Ignorar
- Intimidar
- Jalonear

- Lastimar
- Maliciar
- Manipular
- Manosear
- Menospreciar
- Mentir
- Ofender
- Patear
- Pegar
- Pellizcar
- Recelar
- Rechazar
- Ridiculizar
- Tergiversar
- Traicionar
- Victimizar
- Vulnerar

Afirmaciones de amor

✓ Me niego a hacer de mi hijo mi prolongación, mi posesión o el depósito de mis infortunios.

✓ No temo reconocer mis heridas y comprender la causa de mis actos.

✓ Querer sanar disminuirá los conflictos con mi hijo y reducirá, cada vez más, la distancia entre los dos.

✓ Cuando comprendo mi historia, surge en mí el deseo de amarme, de reconocer mi potencial, de transmitir amor y no miedo.

Retos para hoy

Dedico un tiempo a analizar esas viejas estrategias parentales que, por ser improcedentes y agresivas, aniquilan la relación con mi hijo.

Aceptar que he causado dolor me permite ser más consciente de mis heridas y más responsable de mis actos.

Reconozco que detrás de cada conflicto con mi hijo hay una herida interna que necesito sanar.

Conclusión

Hoy quiero ser valiente para reconocer mis heridas.
Hoy decido dejar de propagar el sufrimiento.
Conmigo termina esa cadena de dolor.

* * *

En este capítulo tuvimos oportunidad de analizar cuáles son las actitudes con las que ocasionamos dolor a nuestros hijos. Aprendimos que detrás de cada una de ellas se encuentra el miedo, el cual aparece como consecuencia de nuestras heridas internas. También nos propusimos reconocerlas y evitarlas. Eso no siempre es sencillo; por lo mismo, en el siguiente capítulo conoceremos por qué y qué podemos hacer al respecto. Es momento de conocerse a uno mismo. Te invito a ser valiente, a leer con optimismo y sed de conocimiento y amor por ti.

Capítulo 6

Herir no es amar

Los hijos maltratados corren el gran riesgo
de maltratar a sus hijos también.

Hijo herido, ¿padre que maltrata?

En muchas ocasiones, cuando un hijo maltratado se convierte en padre, al surgir las dificultades propias de la labor de educar, verá a su hijo a través de la lente de su propio dolor. En vez de reconocer que ahora es un adulto y nadie puede hacerle daño si no lo permite, inconscientemente juzga desde su herida e imagina que su hijo también está dispuesto a lastimarlo. Dado que no evalúa sus circunstancias con objetividad, proyecta en su hijo su angustia y reacciona sin analizar las consecuencias de sus palabras y sus actos. Ante el temor de la injusticia, se precipita a responder llevado por el miedo y a protegerse de una nueva agresión.

El maltrato

El maltrato suele repetirse porque los padres:

- Se convierten en padres cuando aún no se percatan de que el sufrimiento sembró en ellos actitudes agresivas que les instan a reaccionar sin analizar que actúan por miedo y no por amor.
- No son conscientes de que causan sufrimiento, ya que no se consideran violentos ni aceptan que el maltrato es otro modo de agresión.
- Al estar acostumbrados al trato violento, lo repiten de forma inconsciente, en automático.
- Ven a su hijo como alguien inferior e imperfecto a quien hay que corregir. No lo guían, más bien, lo obligan a responder a sus expectativas.
- Consideran que exigir brinda mejores resultados que enseñar y guiar.
- Justifican cualquier agresión como medida necesaria para disciplinar, pero afirman que su hijo lo merecía o lo necesitaba.
- Asumen que son buenos padres si logran que su hijo responda a las expectativas que se han hecho de él.
- Dan lo que tienen en su interior y, si lo que hay es enojo y miedo, ¿cómo podrán ofrecer a su hijo algo diferente?

¿Fuiste víctima de maltrato?

Si a un padre se le maltrató cuando era niño, necesita saber que, si no se hace consciente de su dolor, no podrá evitar maltratar a su hijo en la misma medida. Por eso es importante que en tu camino hacia el amor revises si manifiestas alguna de las actitudes descritas a continuación, pues son consecuencia de haber recibido maltrato. Si encuentras que reproduces algunas, no intentes justificarlas o negarlas;

por el contrario, procura hacerte consciente de ellas. Mírate con compasión y acepta que en tus manos está actuar de otra forma. Confía en ti y en el amor que puedes dar, así obtendrás la fortaleza para lograrlo.

ACTITUDES DEL MALTRATADOR

Niega su responsabilidad

Se rehúsa a ser parte del problema, y no solo eso, se siente víctima y actúa como tal. Por eso despotrica contra los demás y los culpa de sus problemas. Se niega a aceptar la responsabilidad de sus actos y afirma que son los otros quienes deben cambiar. No obstante, suponer que el hijo provoca la violencia paterna es absurdo e inexacto (es tarea del padre enseñar el control de las emociones), y genera una enorme confusión que impide madurar.

Actúa a la defensiva

Como ha aprendido que el mundo es cruel y quiere lastimarlo, al enfrentar dificultades, sus emociones se desbordan, cree que necesita defenderse y pierde el control de sus actos con facilidad. Esta mala interpretación colocará a su hijo en una posición sumamente vulnerable, al borde de ser también víctima de abusos, maltrato y crueldad. Entonces se revela la desconexión entre su responsabilidad como padre y su compromiso para mantener a su hijo a salvo, incluso de él mismo.

Repite en su hijo sus heridas

No suele analizar sus actos, por lo que no se detiene ante el sufrimiento, las lágrimas o las súplicas de su hijo. Le es más sencillo dar por hecho que esa violencia es normal en la relación padre-hijo, sin cuestionarse el porqué. Los siguientes son algunos motivos de esta conducta:

- **Exige compensación**

  Al haberle sido arrebatada su dignidad cuando era frágil y desvalido, su idea es que debe ser compensado. Entonces, como si surgiera en él una irrefrenable necesidad de recuperarla, imagina que hace justicia al actuar con su hijo de la misma manera. Destruir la inocencia de este se convierte en una forma de compensación.

- **Cree que tiene el derecho**

  Considera que la injusticia cometida hacia él le da el derecho a equilibrar la situación. Siente que su sufrimiento le hizo ganar una prerrogativa, así que daña con alevosía e hiriendo a profundidad para causar mayor impacto. No siente remordimiento pues supone que su hijo tiene la obligación de acompañarlo en la agresión sufrida, sufriendo también.

- **Deposita la culpa en otro**

  Sospechar que merecía el dolor padecido le resulta perturbador, así que necesita arraigar su sentimiento de víctima. Por eso lastima a su hijo, pero se justifica diciéndose que es necesario hacerlo. Con cada repetición se victimiza y se exculpa a sí mismo.

- **Niega causar sufrimiento**

  La negación es tan fuerte que puede volverse muy persuasivo y manipulador. Aun sabiendo que causa sufrimiento, está dispuesto a acusar a inocentes, a dramatizar, a fingir inocencia y a mentir en forma grave con tal de negar su responsabilidad por sus acciones.

RECONOCIENDO

Reconozco el dolor

Si para mí es difícil reconocer mi propio dolor, también lo será aceptar el que he provocado en mi hijo. Convencido de que la causa de los problemas es él, evito analizar la situación a fondo. En cambio, cuando decido actuar desde el amor, aun sintiendo miedo, me esfuerzo por detectar cuál es la verdadera problemática que nos separa.

Razones para sanar

Cuando actuamos desde la inconciencia, nuestra herida crece y se prolonga en el tiempo. Nos niega la oportunidad de disfrutar una vida plena donde prevalezca el amor. Aferrarnos al miedo contaminará nuestro entorno y nos hará presa de él. Por otra parte, reconocerlo nos permitirá dejar atrás las justificaciones, deshacernos de la defensiva arrogancia y caminar en pos de la reconciliación.

¿CÓMO SANAR? DECISIONES QUE HACEN LA DIFERENCIA

Decido no lastimar

Como padres tenemos la opción de decidir no lastimar a nuestro hijo. La confianza que depositó en nosotros lo volvió vulnerable y hoy está afligido porque, más que amado, se siente decepcionado. Ha dejado de creer en nosotros, prefiere dudar a resultar herido de nuevo. Su actitud de rechazo lo protege del dolor y la decepción. Decido no volver a lastimarlo y lo cumplo, así conseguiré que me devuelva su confianza.

Decido actuar con respeto

Es inadmisible negar a nuestro hijo el respeto que le debemos para, en su lugar, imponerle nuestras ideas. Más bien, necesitamos reconocer qué nos impide respetarlo y empezar por renunciar a cuanto queremos imponer. Decido no aferrarme a seguir actuando sin respeto, decido no preservar la desconsideración, sino escucharlo y defenderlo.

Decido comprender

El conflicto siempre indica que la relación con nuestro hijo necesita evolucionar y madurar. No es sano tratarlo como un pequeño o un joven necesitado, ni que dependa eternamente de nuestra aprobación. En vez de exigirle cambiar, decido enfocarme en actuar de forma más comprensiva.

Decido no estar a la defensiva

Si dejamos de estar a la defensiva, evitaremos caer en conflictos. Decido concentrarme en detectar lo que siento en vez de culparlo de provocarme. No lo acusaré de obligarnos a ser intolerantes o agresivos. Decido no insistir en persuadir a nuestro hijo de que no es digno de ser amado.

Decido actuar con empatía

Escucho a mi corazón y permito que el amor se manifieste; aun si mis miedos aparecen, presto toda mi atención a lo que mi hijo me dice, enfocándome en comprender su sentir. Sin juzgar y sin imponer mis ideas o mis expectativas.

Decido conectar con sus sentimientos

Para conectar con sus sentimientos, sin necesidad de protegerme, decido aceptar y recordar con frecuencia que:

◆ Es el miedo lo que nos separa del amor y no otra cosa.
◆ Sus actitudes son solo su forma de expresar su miedo.

Decido sanar

Sanar implica reconocer mis heridas. Si el miedo intenta convencerme de que nada hay que sanar, es porque siempre se protege a sí mismo. Yo decido sanar.

PASOS HACIA LA SOLUCIÓN

Para aprovechar lo aprendido en este capítulo y ponerlo en práctica, te invito a dar los siguientes pasos.

Reflexión

Apegarnos a nuestra manera de pensar ocasiona que, ante cualquier problema, culpemos a nuestro hijo. Que veamos en sus actos un reto o un desafío a nuestra autoridad.

Qué hacer

<u>Bajo observación:</u> Si transmitimos dolor a nuestro hijo, lo hacemos, definitivamente, llevados por el miedo. Si comprendes esto, descubrirás cómo reaccionas para evitar ser lastimado u ofendido. Es fundamental detectarlo; aunque quizá al principio te sea difícil, inténtalo. Si aprendes a observarte, podrás distinguir si te apartas de la realidad creyendo que tus juicios acerca de tu hijo son verdaderos.

Si anhelas comunicar amor en vez de causar sufrimiento, puedes empezar por:

- Identificar la frecuencia con que aparecen tus reacciones de frustración, ira, exasperación, rabia, entre otras, y culpas a tu hijo de ellas.

- Aceptar que esas emociones aparecen como consecuencia de heridas anteriores y que tu hijo no las ocasionó.

- Descubrir en qué momentos te sientes víctima de tu hijo, le culpas por tus emociones o sientes que intenta hacerte sufrir o retarte.

- Reconocer la frecuencia con que criticas, rechazas y te quejas de tu hijo y se te dificulta estar agradecido por tenerlo.

- Contar las ocasiones en las que le hablas negativamente a tu hijo de sí mismo, o intentas convencerlo de que necesita ayuda, o que debe cambiar.

- Detectar si apruebas que tu hijo no sea como esperabas o si esto te decepciona y quisieras que fuera diferente, se lo digas o no.

- Observar si tus palabras transmiten amor y confianza o si, por el contrario, juzgas, etiquetas, corriges o criticas lo que tu hijo debería, o no, ser y hacer.

Afirmaciones de amor

✓ De mis decisiones depende la relación con mi hijo, así que procuro recordar a menudo que he decidido actuar desde el amor.

✓ Decido no volver a actuar bajo la influencia del miedo.

✓ Decido no volver a provocar dolor.

Reto para hoy

Si descubro que he reaccionado como no deseo, no me desaliento. Seré firme en mi convicción de actuar desde el amor y no permitir que nada se interponga entre mi hijo y yo.

Conclusión

Causar dolor demuestra que no hemos podido sanar.

* * *

Como ves, tus decisiones marcan la diferencia en la relación con tu hijo. Sin embargo, para mantenerte firme en ellas es necesario continuar conociéndote. En el siguiente capítulo aprenderás a reconocer las actitudes de los padres que actúan guiados por el miedo. Eso te ayudará a mirar a tu hijo desde una perspectiva distinta, en la que el amor que sientes por él será lo único que prevalecerá.

Capítulo 7

Bajo el poder del miedo

*Los padres que causan dolor a sus hijos
son quienes tienen miedo en su interior.*

ACTUAR DESDE EL AMOR

Si un padre que actúa desde el amor se equivoca, lo admite y enmienda sin mayor dificultad. Entiende que mostrar humildad fortalece a su hijo, quien así aprende que a través del amor se perdona y se es perdonado.

En cambio, un padre que actúa desde el miedo no podrá dar un trato digno a su hijo, pues, aunque no se haya percatado de ese sentimiento que lo invade, este estará ahí, dispuesto a seguir dominándolo.

ACTITUDES DEL PADRE GUIADO POR EL MIEDO

¿Cómo saber si se actúa desde el miedo? Analiza las siguientes descripciones que te serán útiles para evitar esta conducta:

No sabe amar

Un padre no se percata de que no ama porque ni siquiera sabe cómo hacerlo. Tampoco tiene conciencia del miedo que lo gobierna. Solo reacciona, causando dolor y temor.

No resuelve conflictos

Un padre que ignora cómo solucionar conflictos se enoja cuando alguna situación remueve sus heridas y da por hecho que es su hijo quien le está ocasionando dolor.

No controla su mente

El padre que causa dolor a su hijo no siempre tiene el propósito de hacerlo y no es necesariamente una mala persona. Lo que requiere es esforzarse por impedir que el miedo lo confunda y controle su mente. Si lo permite, causará sufrimiento, aunque asegure que está haciendo lo mejor para su hijo.

No controla sus emociones

Asume que puede reaccionar con su hijo con cuanta emoción aparezca, no modera su comportamiento; si aparece en él la furia, eso manifiesta en su hijo. Quizá se arrepienta después.

Exige silencio

El padre que exige a su hijo guardar silencio y nunca quejarse cree que así evade la responsabilidad de sus actos. Supone que, si un hijo ama a sus padres, debe tolerarlos y mantenerse callado y leal sin importar cuánto dolor le hayan ocasionado. Con esto lo obliga a aceptar el maltrato como algo normal y aumenta el alejamiento. El hijo, que anhela recibir amor de sus padres, pierde la esperanza de recibirlo.

Se siente inferior

Un padre con un profundo sentimiento de inferioridad intenta ocultarlo haciendo menos a los demás. Por eso se compara con su hijo y hace alarde de que a su edad ya trabajaba y se mantenía a sí mismo o era un apoyo económico para su familia. Si el hijo no tiene ese mismo rendimiento, lo denigra, le hace creer que no vale y lo vuelve inseguro de sus capacidades. Lamentablemente, el hijo no advierte que su padre se conduce desde sus sentimientos de inferioridad y llega a creer que cuanto escucha es cierto.

Se basa en expectativas

A partir de sus expectativas, busca en su hijo una fuente de seguridad, la base para conseguir su propia valoración. Cree que su hijo demostrará el magnífico padre que puede ser y eso reparará su frágil autoestima. Este padre vive asustado sospechando que su hijo no resultará ser como esperaba. Intenta obligarlo a serlo, a cualquier precio; exigencia que su hijo será incapaz de satisfacer. Esta carga de expectativas provoca que la relación entre ellos sea tirante y disfuncional.

Demanda obediencia

Espera mucho de su hijo y si este no lo complace, lo repudia y critica. No comprende que con sus demandas en realidad le ordena dejar de ser quien es. Se niega a aceptar que su hijo no es una prolongación suya, mucho menos una propiedad, sino un espíritu con derecho a ser. No percibe que con su rechazo destruye el amor propio de su hijo.

Se cree infalible

Ningún hijo nace malo ni con tendencias perversas y, sin embargo, en ocasiones su padre lo trata como si así fuera. Enfrascado en discusiones o problemas, se aferra a demostrarle que en sus actos hay malas intenciones y le exige reformarse. No es consciente de que la imagen que tiene de su hijo está tergiversada; todo lo contrario, para él es real. Por consiguiente, aunque la situación se vuelva irremediable, no cesa sus juicios ni sus críticas. Incapaz de ver cómo sus heridas alteran su percepción, acusa a su hijo de cuanto le molesta. Al creerse infalible, persiste en actuar como si el problema fuera el hijo y solo él.

Provoca frustración e ira

Frustrado ante la injusticia de sus padres, el hijo deja de respetarlos y pierde la esperanza de ser amado. En un círculo vicioso, los padres reafirman la imagen negativa que se hicieron de él y aseguran que, como nunca lo han ofendido, no hay razón para que se comporte de esa manera tan desagradable. No consideran que también la frustración y la ira acumuladas destruyen emocionalmente.

Carece de empatía

La comunicación entre un hijo y un padre se rompe cuando el primero intenta expresar al segundo sus sentimientos, pero este interpreta que le está haciendo un reproche y, en vez de ser empático, elige sentirse agredido. Empeñado en que se queja sin razón, lo acusa y agrede con el afán de que se retracte. Defiende su postura aferrándose a la imagen que hizo de su hijo, acusándolo de cuanto les separa. Se niega a ponerse de su parte, no intenta escuchar, menos aún comprender, tal vez imaginando que así anulará su enojo. Al negarse a mostrar empatía, indica a su hijo que sus sentimientos no son válidos.

Tú no eres miedo

- El miedo se hace patente a través de la inflexibilidad, las ofensas, la prepotencia, la agresión y el afán de controlar y mantener el poder. *Tú puedes elegir ser flexible, escuchar sin juzgar.*
- El miedo impulsa a humillar, a burlarse, a criticar, a juzgar, a rechazar y a rebosar soberbia. *Tú puedes elegir jamás criticar ni pronunciar palabras negativas; más bien, puedes ofrecer tu comprensión sincera.*
- En su enfado, el miedo amenaza a los hijos y los corre de «su» casa. *Tú puedes elegir darle un lugar a tu hijo en tu corazón y en tu vida.*
- El miedo hace que el padre luche con su hijo como si fuera un adversario que «se le quiere trepar». Afirma que, si no es duro y exigente con él, le «tomará la medida». *Tú puedes elegir empatizar y ser humilde.*
- Desde la perspectiva del miedo, el hijo sabe menos que sus padres, por lo que es factible refutar sus afirmaciones y señalar que cuanto piensa, opina o hace es un error. *Tú puedes elegir aprender de cuanto te transmita tu hijo.*
- El miedo provoca que el padre no se detenga antes de lastimar a su hijo y que hable sin pensar. *Tú puedes elegir las palabras que dicta tu corazón para que tu hijo sepa cuánto lo amas.*

• El miedo impulsa a negarse a escuchar, a cambiar de idea, a equivocarse, a aprender un modo diferente de hacer las cosas. *Tú puedes elegir aceptar en tu corazón a tu hijo como el maestro que es.*

EXPRESAR EL AMOR: RETOS

Actuar desde el amor requiere la determinación de lograr los siguientes retos:

• **Detectar el miedo**
Esta detección requiere que reconozcas cuando reaccionas desde tus heridas para no dejarte desanimar si aparecen. Para ello, empieza por hacer una pausa cuando detectes la presencia del miedo. Respira lentamente y recuerda que contigo se acaba el sufrimiento.
El reto consiste en que te apropies de tus actos, pensamientos y emociones para que siempre elijas actuar con amor y respeto.

• **Aceptar que hay miedo en ti**
Cuando aceptas que sientes miedo, impides que te controle. No muestras resistencia a los eventos de la vida, solo aceptación. Entonces podrás enfocarte en dar a tu hijo amor y en enseñarle a amarse a sí mismo. Empieza por evitar los conflictos y no caer en discusiones, permite que la conciencia esté presente. Observa cómo, cuando el miedo interviene, insiste en discutir y desquitarse.
El reto consiste en evitar el miedo permaneciendo pasivo y atento, sin permitirle que te domine. Recuerda que estás

volviendo al amor y querer ganar los conflictos hará que pierdas el camino hacia él.

- **Decidir dejar ir el miedo**
Tomar la decisión de dejar ir el miedo causa un inmenso temor. Creemos que sin él estamos indefensos y nos sentimos vulnerables. Empero, no se trata de no sentirlo, sino de impedir que dirija nuestras decisiones. El problema es que nos aferramos a las actitudes que nos hace adoptar y nos negamos a reconocerlo. Detectar cualquier resistencia a sanar exige tener presente que has tomado la decisión de actuar desde el amor.

  El reto consiste en intentar detectar cuándo emerge el sufrimiento porque está condicionando la relación con tu hijo.

- **Abrazar tu miedo**
Una vez que encuentres el miedo, en vez de rechazarlo, puedes abrazarlo y preguntarle qué te está enseñando. Cuando lo observas en calma, obtienes valiosa información sobre lo que quieres sanar.

  El reto consiste en darle la bienvenida, permitir que te conecte con el dolor en tu interior y sacarlo a la superficie. Cuando te escuchas, te sanas.

- **Actuar sin miedo**
Aunque no quieres acusar a tu hijo de provocar lo que ya existe en tu interior, el miedo quiere evitar que averigües la verdadera causa de tus reacciones. Busca encontrar culpables afuera de lo que ocurre adentro.

  El reto consiste en analizar a dónde te lleva reaccionar enojado, lo que te ayudará a mantenerte firme en tu decisión de conducirte con respeto y en paz, y a lograr tu objetivo: actuar por amor.

- **Conquistar el miedo**
  Conquistar el miedo es permanecer en el ahora, impidiendo tanto que el pasado venga a agitarte con sus recuerdos, como que las expectativas del futuro debiliten tu función de padre o madre.

  El reto consiste en concentrarte en ofrecer a tu hijo experiencias de aprendizaje y amor propio, y guiarle para llenar el presente con momentos que fortalezcan su espíritu. Al defender su dignidad hoy, estás fabricando el mañana.

PASOS HACIA LA SOLUCIÓN

Para aprovechar lo aprendido en este capítulo y ponerlo en práctica, te invito a dar los siguientes pasos.

Reflexión

El miedo niega a los padres la posibilidad de reconocer sus heridas; cuando las hacen conscientes, la relación con su hijo cambia.

Qué hacer

Un buen ejercicio es empezar por poner un alto a esas peleas hipotéticas donde imaginas cómo ponerlo en su lugar. Niégate a engancharte en el siguiente pleito. En vez de ello, mejor alístate para permanecer sereno, comprensivo y atento, aun en las peores crisis. Ten listas esas frases que refuerzan tu amor hacia él.

Observa esa situación que te altera o incomoda y responde a estos cuestionamientos: «¿Por qué reaccionas así? ¿Qué es lo que temes que ocurra? ¿De qué te estás defendiendo? ¿Puedes hacerte responsable de la actitud que eliges mostrar a tu hijo?». Un buen plan para evitar peleas es escribir tus respuestas y mantenerlas presentes. Saber por qué reaccionas como lo haces te ayudará a elegir tus actitudes antes de que aparezcan.

Evita juzgarte, sé comprensivo contigo y con tus heridas. Ten presente que actuar con amor siempre empieza con uno mismo.

Afirmaciones de amor

- ✓ Ser compasivo conmigo me prepara para serlo también con mi hijo.
- ✓ Me gusta conocerme porque eso me permite amarme.
- ✓ En la medida en que me ame, podré amar a mi hijo también.

Reto para hoy

Pienso y tomo en cuenta lo siguiente:

- En mi historia recibí maltrato que me ocasionó heridas.
- Al tomar conciencia de esas heridas, empiezo a sanar.
- Con esta sanación evito transmitirlas también.
- Actuar desde el amor puede ser lo mejor de mi vida.

¿Cómo me benefician estas afirmaciones?

Conclusión

Empiezas a sanar cuando comprendes que esas actitudes que manifiestan el miedo dentro de ti no son respuesta a una agresión ajena.

* * *

Al terminar la parte 2, «Reconociéndonos», hemos comprendido que, para que los padres que causan dolor eviten hacerlo, necesitan, de nuevo, profundizar en su interior. Revisar sus heridas y proponerse sanarlas. Por ello, ahora descubriremos por qué los padres, ante los conflictos con su hijo, están convencidos de que él intenta hacerles daño.

Esto te permitirá transformar tu dolor en serenidad y la relación con tu hijo avanzará a un plano nuevo, pleno de respeto y amor.

Recuerda, conocerte es amarte.

Parte 3

Transformando

Aceptar sanar nuestras heridas es el paso más grande hacia el amor.

Capítulo 8

Un hijo, una oportunidad

Un hijo nos brinda la oportunidad de
conocernos y amarnos a nosotros mismos.

La relación con nuestro hijo no tiene por qué causarnos angustia. No se trata de una guerra en su contra. Él no viene a probar si somos o no buenas personas, no viene a burlarse de nosotros ni a causarnos pesar. Por el contrario, podemos confiar en que cada hijo es una oportunidad de la vida para volver al amor. Si con esta idea nos proponemos sanar, nos impulsaremos a lograrlo.

CÓMO MEJORAR LA RELACIÓN

Analizar mis actos

Piensa en la última vez que estuviste enojado con tu hijo y analiza qué había atrás de ello. ¿Sentías temor? ¿A qué? ¿A que tu hijo dejara de respetarte? ¿A que su comportamiento demostrara tu inutilidad como padre o madre? ¿Qué sucedió? ¿Te enojaste y le exigiste cambiar? Analiza tus pensamientos e intenta encontrar lo que te martirizaba, lo que sentías y lo que deseabas que ocurriera. Detente un poco a reflexionar al respecto. Analiza las sensaciones que te invadían en ese momento.

Para conectar con la herida que te impulsaba a reaccionar como lo hacías, plantéate ahora las siguientes preguntas:

- ¿Qué me mueve a reaccionar así?
- ¿De dónde proviene el pensamiento que me lleva a actuar como lo hago?
- ¿Qué estoy intentando evitar o controlar?
- ¿Qué no puedo tolerar?

Tus respuestas te ayudarán a vislumbrar la solución y a emprender el camino hacia el amor.

RECONOCIENDO

Un maestro

Reconozco en mi hijo a un maestro que me muestra mi interior y me ayuda a aceptarme y mejorar.

¿Qué estoy protegiendo?

Ante los sucesos difíciles, los seres humanos desarrollamos, de forma inconsciente, ciertas estrategias de protección que de momento nos ayudan a manejar el dolor. Sin embargo, si las adoptamos permanentemente, nos impiden tomar conciencia de los conflictos internos y resolverlos. No solo eso, poco a poco modifican nuestra interpretación de la realidad e influyen de forma negativa en nuestra relación con las demás personas, sobre todo, con nuestros hijos.

ESTRATEGIAS COMUNES DE PROTECCIÓN

Si las reconoces, evitarás que te controlen y podrás resolver los conflictos con mayor claridad y empatía. A continuación, describo algunas que con frecuencia intervienen en la relación con un hijo:

1. **Represión:** Permite a la persona mantener ocultas en el olvido las experiencias traumáticas vividas. Por esta razón, muchos padres aseguran que su infancia fue hermosa cuando en realidad tuvieron un padre alcohólico, una madre violenta o vivieron con muchas carencias. Se rehúsan a aceptar que su infancia fue dura y complicada. Cuando algo les resulta tan doloroso, vergonzoso o inaceptable que pudiera recordarles su sufrimiento pasado, se niegan a traerlo a su memoria para así evitar enfrentarse al dolor. Intentan reprimirlo pretendiendo que así desaparecerá.

2. **Negación:** Aparece cuando los padres se resisten a aceptar algún aspecto de su hijo, aun si es obvio. Por ejemplo, cuando presenta algún trastorno depresivo o intelectual, un problema de lenguaje o una enfermedad grave, los padres tienden a creer que «es lento», «quiere llamar la atención», «está estresado» o «inventa cosas». A veces comprenden demasiado tarde que su hijo enfrentaba un verdadero problema. La negación desaparecerá a medida que los padres se adapten a la realidad y acepten las emociones que de ella surgen.

3. **Proyección:** Hace que los padres atribuyan a su hijo ciertas emociones —o pensamientos, ideas, conflictos o deseos— que no identifican como propias. Por ejemplo, si un hijo no respeta las reglas del hogar, el padre evita admitir que no ha sabido ponerle límites y asegura que el hijo nunca se lo permitió. De tal forma elude afrontar las emociones que surgirían tras admitirlo y tener que aprender a actuar de manera diferente a partir de ese momento. Prefiere culpar a su hijo de desentendido a reconocer que no supo cómo decirle «¡No!».

¿Cómo proyectamos?

Cuando vivimos conflictos emocionales o nos sentimos amenazados, generamos pensamientos y sentimientos que quizá no consideremos como propios porque nos causan culpa o ansiedad. Para protegernos, atribuimos a los demás lo que nos resulta imposible aceptar como nuestro. Creemos que está sucediendo fuera lo que en realidad ocurre en nuestro interior, solo que no lo detectamos. De esta forma, al proyectar, por lo general pensamos que nuestro hijo es culpable de querer herirnos.

Un hijo refleja nuestro interior

Un hijo refleja nuestro interior cuando interpretamos una situación como amenaza, pero, en vez de reconocer cómo nuestras heridas la generan, se la endilgamos a él. Entonces, esto que nos resulta inaceptable encontrar en nosotros, nuestros verdaderos conflictos, los enmascaramos creyendo que provienen de nuestro hijo. Al no analizar el motivo real de nuestros actos, los interpretamos como una respuesta al intento de nuestro hijo de causarnos disgustos.

El siguiente es un ciclo común de conflicto:

◆ Vivir una infancia traumática cambió nuestra percepción de las personas. Si nuestros padres, que supuestamente nos amaban, destruyeron nuestra autoestima, ¿qué podemos esperar de los demás?

◆ Entonces, dado que esperamos que los otros también nos agredan —ofendan, griten, mientan, golpeen, traicionen, etc.—, asumimos que nuestro hijo ahora lo hace, incluso si no es así.

◆ Cada proyección detona una sensación de peligro que nos lleva a actuar a la defensiva. Nos volvemos suspicaces, desconfiados, hasta agresivos, y por todos los medios queremos impedir que se aprovechen de nosotros.

◆ Cuando nuestras proyecciones se disparan, percibimos como enemigo incluso a nuestro hijo y damos por hecho —aunque no sea cierto— que cualquier cosa que haga va dirigida contra nosotros.

Proyectamos por miedo

Si proyectamos en el otro nuestro sufrimiento, generamos relaciones abusivas; y nuestro hijo resulta ser la persona más susceptible a verse atrapado en ellas. Si tenemos miedo al rechazo, intentamos ganar su aprobación y se nos dificulta ponerle límites. Si fuimos corregidos con azotes, creemos que los golpes son necesarios para hacernos respetar. Si fuimos abandonados, es muy probable que seamos padres controladores e inseguros, o con tendencia a abandonar también. Si se nos humilló, nos persuadimos de que nuestro hijo intenta burlarse de nosotros y respondemos con soberbia. Interpretamos cada acción guiados por el miedo; percibimos y etiquetamos a nuestro hijo como «generador de dolor», alguien que nos ataca, y eso nos altera muchísimo. Lo juzgamos, presuponemos que es perverso y malintencionado. Una vez que le colocamos esa etiqueta, iniciamos una serie de dinámicas dañinas que de forma lenta y progresiva destruirán su autoestima. Lo observamos cegados por el miedo que ocasiona proyectar en él nuestro dolor.

El problema es que, antes de reconocer que hemos lastimado a nuestro hijo, el miedo nos convencerá de que fue él quien salió «mal», pero esto es imposible porque ningún hijo sale mal. Por el contrario, esos comportamientos que tanto disgustan a los padres tienen relación con cuanto han depositado en él. Sin embargo, ¡cuán complicado es aceptarlo! Es más sencillo atribuírselos que utilizar nuestras proyecciones para recapacitar sobre cómo nuestros miedos provocan las dificultades que experimentamos en la relación.

La herida invisible es la más profunda

Los padres que fueron víctimas de maltrato pueden tener dificultades para reconocer el trauma ocasionado por las ofensas. Esta falta de conciencia impide que identifiquen y acepten sus heridas y que analicen lo que han transmitido a sus hijos.

¿Por qué niega un padre o una madre sus heridas?

- **Por creer que fue su culpa.** Asume como suya la culpa e imagina que permitió lo sucedido, que incluso lo provocó. Guardará un angustiado silencio, temiendo que descubran su «verdadera» personalidad.
- **Por lealtad a los padres.** Como le aflige no merecer ser amado por sus padres, les muestra una lealtad

incondicional. Tergiversa los hechos mientras los justifica y defiende. Resguarda en silencio la verdad, creyendo que se quedará ahí.

◆ **Por exigencia social.** Está convencido de que reconocer cuanto sus padres hicieron equivale a juzgarlos. Por eso imagina que es buen hijo si soporta sus desplantes, rechazos, críticas y hasta golpes, injusticias y abusos, sin la menor queja. Así se le ha inculcado (y aún se le exige hacerlo).

◆ **Por pensar que es un mal hijo.** Quizá persuadido por sus padres de merecer esos castigos (con frases como «esto me duele más a mí», «te pego porque es necesario», «lo hago para que no se me trepe», «solo a golpes entiendes», «más vale una cachetada a tiempo», etc.), no se ha percatado de que convencer a un hijo de que es malo es un grave signo de deshonestidad.

◆ **Por creerse fuerte.** Aunque la desesperación lo consuma, hace lo imposible por evitar mostrar debilidad. Por eso, afirma con total tranquilidad que ha perdonado y olvidado el pasado, aun cuando sus actos expresen lo contrario.

◆ **Por necesidad de amor.** Da por hecho que sus heridas le harán menos digno de ser amado. En consecuencia, se resiste a mirar en su interior y niega su sufrimiento.

◆ **Por creer que ya perdonó y olvidó.** Afirma que está en paz con sus padres sin comprender que sus actitudes hacia su hijo delatan su sufrimiento. Creyendo encontrarse en paz a pesar del maltrato recibido, exige a su hijo negar haber sufrido por su causa.

PASOS HACIA LA SOLUCIÓN

Para aprovechar lo aprendido en este capítulo y ponerlo en práctica, te invito a dar los siguientes pasos.

Reflexiones

Ignorar o negar el miedo causa desamor hacia los hijos.

Mis necesidades de respeto, amor y aprobación no resueltas se vuelven actitudes de defensa que esconden y prolongan mis miedos.

Afirmaciones de amor

- ✓ Mi hijo es el camino que tiene la vida para mostrarme que necesito sanar.
- ✓ Lo que quizá no he hecho por mí, porque ignoraba que sufría, con amor lo haré por mi hijo para evitarle dolor.
- ✓ Me propongo sanar porque lo amo, sanar porque me amo.

Reto para hoy

No haré responsable a mi hijo de mi dolor. Procuraré comprender cómo sus actitudes reflejan las heridas que de otra manera no podría ver. Lo haré sin defenderme, tan solo observando lo que ocurre sin hacer juicios.

Conclusión

Si entendemos nuestras proyecciones, podemos acercarnos
a nuestro hijo con amor y no a la defensiva.

* * *

Como sabes, nuestras proyecciones realmente interfieren con la forma en que interactuamos con nuestro hijo. Además, nos impiden reaccionar con paciencia y empatía hacia los sentimientos que manifiesta nuestro hijo. En el siguiente capítulo explicaremos por qué lo que transmitimos es solo lo que tenemos dentro. Esto te ayudará a tener respuestas más conscientes, basadas en el amor que quieres transmitir a tu hijo.

Capítulo 9

Lo que tengo es lo que doy

Cuanto digo y hago refleja lo que pienso.

LO QUE TRANSMITIMOS

En ocasiones a los padres se nos dificulta comprender lo que nuestros actos comunican porque muchos surgen de forma inconsciente, sin un análisis previo y sin que hayamos premeditado dañar. Y cuando no tenemos conciencia del mensaje que transmitimos, en vez de comunicar amor, herimos. Esta misma inconciencia nos ciega ante el dolor de nuestro hijo. Su sentimiento nos parece ajeno a nosotros, como si fuera algo que él mismo ocasionó.

Mi hijo, un maestro

Cuando damos por hecho que son los demás los que nos hacen pensar o actuar de determinada manera, no nos percatamos del verdadero problema: la dificultad para reconocer de qué manera manifestamos nuestras proyecciones y cómo estas desencadenan reacciones de miedo. Aunque acusemos a nuestro hijo de cuanto nos pasa, él solo refleja nuestro interior. Es momento de tomar en cuenta que la vida siempre nos pone maestros que descubren nuestras heridas y nos impulsan a sanarlas. En este contexto, un hijo es un maestro con quien, ante los sucesos dolorosos, reaccionaremos según lo que ocurra en nuestro interior. La reacción que mostremos es justo la herida que no hemos visto, pero que causa malestar y zozobra. Comprenderlo nos impulsará a sanar. Ciertamente, cuando el alumno está listo, llega el maestro, y el maestro también puede ser ese hijo que nos impulsa a sanar nuestro dolor.

Las proyecciones encubren heridas

Para no seguir haciendo de nuestro hijo la víctima de nuestras propias heridas, hay que reconocer cómo proyectamos en él lo que hay en nosotros y cómo actuamos con él. Solo entonces podremos evaluar nuestro comportamiento y reajustar nuestra perspectiva. Sin embargo, si nos convencemos de que nuestro hijo merece u ocasiona nuestro enojo, seremos incapaces de comprenderlo. Si consideramos que nuestra reacción es justa y necesaria porque creemos que así controlaremos la situación, prolongaremos el sufrimiento. Sin duda, nuestro hijo representa la oportunidad que nos brinda la vida para hacer conscientes nuestras heridas y sanarlas.

Bajo observación constante

Muchos padres no sabemos cuánto nos ha afectado el pasado y nos quedamos ahí, sin reconocer nuestro sufrimiento. Un hijo es el factor que nos impulsa a seguir adelante, aunque para conseguirlo, el primer paso es aceptar que el conflicto es una señal de que hay algo que sanar. Después de todo, cómo nos comportamos con nuestro hijo revela lo que está oculto en nuestro inconsciente. El segundo paso es observar nuestras reacciones sin juzgar ni justificar lo que encontremos. Sin embargo, si un padre no reconoce en qué forma proyecta sus heridas, malinterpreta a su hijo y no escucha lo que este le transmite, le costará aún más percatarse de ello. Aunque piense que sus reacciones son maduras, como asume que su hijo lo provoca, ve necesario enojarse para defenderse de él, por lo que le costará aún más entender el porqué de su actuar. A medida que se observe y se conozca, comprenderá cómo culpa a ese hijo y le achaca el poder de controlar sus emociones («¡Él siempre me hace enojar!»), como si el pequeño fuera el adulto y viceversa. ¡Calma! Ahora es un buen momento para detectar cómo las heridas dirigen nuestros actos y pensamientos.

¿Cuándo aparece el miedo?

El miedo aparece cuando percibes que estás en peligro. Aunque anheles dar amor y respeto, si permites que tus heridas dominen la relación con tu hijo, seguramente adoptarás una conducta que no querrías tener. En el siguiente cuadro apreciarás qué es lo que tus heridas revelan.

Si he sufrido:	Expreso mi herida con actitudes como:	Proyecto mi herida con reacciones como:	Interpreto que mi hijo:
Abandono. Desamparo. Negligencia. Indiferencia.	Olvido. Desatención. Desinterés. Descuido. Apatía. Pereza.	Le exijo estar pendiente de mí. Demando afecto y compañía. Siento recelo de sus amigos y su pareja.	No le importo, no me hace caso, soy invisible. Se olvida de mí fácilmente. No le intereso.
Abuso. Humillación.	Prepotencia. Soberbia. Ira. Culpo. Ofendo.	Exijo respeto. Demuestro desdén, arrogancia, superioridad.	Se burla de mí, me ofende. Me regaña, me acusa. Me expone ante los demás.
Ataques. Críticas. Descalificación.	Discusiones. Acusaciones. Recelo. Justificación. Excusas. Pretextos.	Me enojo para que me respete. Me siento atacado. Me justifico.	Es injusto. Me refuta y contradice. No me escucha. No me entiende.

Anulación. Desaprobación.	Juzgo. Critico. Provoco dudas e inseguridad.	Exijo cariño y aprobación. Tengo dudas e indecisiones. Permito que otros decidan y opinen acerca de él.	Reniega o se avergüenza de mí. Me desobedece. Piensa que soy ignorante. No cree en mí.
Traición. Mentiras.	Desconfío. Sospecho. Controlo. Traiciono.	Lo acecho, vigilo y controlo. Hago alianzas. Miento, manipulo.	Me miente. Presume que es más listo. Se burla de mí.
Rechazo.	Huyo. Me aíslo. Recelo. Desconfío. Me protejo. Me excluyo y me cierro.	Me niego a empatizar, a dialogar. Huyo de él, no lo abrazo ni le ofrezco cariño. Temo su rechazo.	Prefiere a otras personas. Le avergüenzo. Le resulto desagradable. Demanda demasiado.
Maltrato físico. Crueldad.	Violencia. Temor. Malicia. Reto. Provoco. Ataco. Peleo.	Me convenzo de que es malo. Desconfío, le tengo miedo.	Actúa con ira. Podría hacerme daño, lastimarme.

Calumnias. Acusaciones. Culpabilización.	Me justifico. Me protejo. Me frustro. Miento. Invento enfermedades.	Me indigno, me siento acusado. Hago drama. Lo culpo. Recelo de él.	No me cree. Me hace sentir culpable, me confronta para exponerme.
Menosprecio. Desprecio. Desvalorización.	Agresividad. Retando. Culpando. Humillando. Enojo.	Lo cuestiono. Lo hago sentir menos. Finjo ser quien no soy. Lo agredo verbalmente.	Me hace sentir inferior. Se burla, me reta.
Chantajes. Manipulación.	Chantajeo y manipulo. Controlo.	Lo hago sentir mal para controlarlo. Doy y quito cariño para que haga lo que quiero.	Me chantajea o manipula.
Injusticia.	Frustración. Cólera. Egoísmo.	Le escondo mi sentir y pensar. Lo juzgo. Me siento víctima.	Me siento juzgado. Siento que abusa de mí, que se aprovecha. Siento que no merece lo que le doy.

Observa tus respuestas

En el siguiente conflicto que tengas con tu hijo, podrás observar de dónde proviene tu respuesta. Presta atención a ese sentimiento que surge en ti e intenta detener tu reacción por un momento. No te precipites, más bien detecta lo que estás sintiendo: ¿rabia, frustración, exasperación, ira? Todas esas emociones proceden del miedo. Obsérvalas y procura controlar tus actos. Si esa emoción te domina, tan solo aumentarás el conflicto, acabarán discutiendo y eso en absoluto ayudará. Enfócate en que la emoción no es real, sino producto de tus pensamientos y de tu historia. Tú eres fuerte y por amor puedes elegir qué demostrar a tu hijo.

DUDAS QUE INQUIETAN

¿Entonces, cuál es la causa del miedo?

Todos caemos bajo el poder del miedo porque nos hemos convencido de que debemos protegernos con él, que es indispensable para nuestra supervivencia, que apareció para blindarnos de las heridas sufridas cuando éramos pequeños y vulnerables. Cuando no teníamos forma de defendernos y el único recurso que nos quedaba era tolerar y resistir, evitando mostrar nuestro dolor. Nos resignábamos o tal vez nos enfurecíamos de nosotros mismos por ser débiles y, presos de dolor, nos jurábamos que «para la otra» ahora sí nos defenderíamos.

El miedo a volver a ser heridos permanece en nuestro interior, es parte de nuestra historia, por esto seguimos intentando protegernos del sufrimiento experimentado en el lejano pasado. No obstante, como está oculto, nos impide tomar conciencia de que, cuando reaccionamos temiendo ser heridos una vez más, damos por hecho que ese sufrimiento lo está provocando nuestro hijo. Nos engaña y nos dificulta encontrar una verdadera solución. A medida que el miedo se adueña de nosotros, nos alejamos del amor y perdemos el control de nuestra vida. Si no nos disponemos a escucharlo, reconocerlo y sanarlo, el miedo a volver a ser heridos se quedará en nuestro interior para siempre.

¿Qué hay bajo mis heridas?

Para actuar desde el amor es necesario mirar nuestras heridas con ternura, sin temerles y sin juzgarlas porque no nos han hecho defectuosos. Imagínate como un ser perfecto, inocente, pleno de amor. Si bien las heridas no permiten que seas consciente de ello, debajo de esas capas solo hay luz y amor. Hay ganas de vivir, pasión por la vida, alegría, bondad y agradecimiento. Puedes dar y recibir amor. Para verlo solo necesitas abrazar tus heridas, reconocerlas y hacerlas cicatrizar. Cada una de ellas habla de tu historia y de la valentía que tuviste que desarrollar para enfrentar el dolor.

¿Cómo surgieron mis heridas?

Tus heridas surgieron mientras intentabas sobrevivir al dolor que recibías. Hoy ya nadie intenta herirte, eres grande y fuerte, puedes poner límites y decir no con seguridad. Ya no estás obligado a tolerar a quien pretende lastimarte. Tampoco necesitas que alguien te proteja, puedes hacerlo tú mismo. Cuando descubres que eres capaz de cuidar de ti, todo aquello que creíste que te hizo falta, ahora tú puedes proveértelo. Si crees que te faltó cariño, comprensión, justicia, paciencia, todo eso está en ti y tú puedes dártelo ahora. Al aparecer las heridas, puedes tomarlas y hacerte cargo de ellas. Así, ya no se abrirán y no causarán más dolor, no provocarán caos a tu alrededor ni destruirán la relación con tu hijo. El pasado solo será el lugar de donde tomaste la fuerza para ser quien eres hoy.

Reaccionar a través de las heridas quizá funcionó en determinado momento porque diste por hecho que te protegías del dolor. Pero con tu hijo ya no tienes por qué reaccionar de esta forma. Las discusiones se alejan porque puedes hacer una pausa y medir tus palabras para no herirlo. Puedes pedirle que te explique cómo ve él la situación, escucharlo con atención y reforzar el amor entre ustedes. Puedes mostrarte tal cual eres y, si lo haces, tu hijo te seguirá amando, te admirará y te considerará la persona más maravillosa que existe.

PASOS HACIA LA SOLUCIÓN

Para aprovechar lo aprendido en este capítulo y ponerlo en práctica, te invito a dar los siguientes pasos.

Reflexión

Cuando he depositado en mi hijo la tarea de sanar mis heridas, confundo la realidad y pienso que es él quien me hiere. En cambio, cuando comprendo y logro perdonar el dolor acumulado en mi historia, libero a mi hijo de la carga de mi sufrimiento y le doy fuerza para ser quien es.

Qué hacer

<u>Analiza y actúa controlando tus emociones:</u> Las siguientes son sugerencias para evitar actuar desde los viejos patrones y elegir avanzar ahora hacia metas nuevas. Analízalas y decide cuándo empezar a ponerlas en marcha.

✓ Reflexiona y detecta si algunos de tus actos no transmiten amor. Reconocerlos evitará que surjan de forma automática, incluso a la defensiva.

✓ Preguntarte por qué reaccionas así te ayudará a ofrecer solo lo que quieres transmitir.

✓ Acepta que lo que te molesta de tu hijo dice más de ti que de él.

✓ Respira y tranquilízate. Date un momento para pensar con calma y no reaccionar enojado.

✓ Recuerda que te interesa escucharlo para que ambos puedan estar bien.

¿Actúas proyectando tus sentimientos internos? Preguntas para desbloquear esa proyección

• ¿Cuál fue la primera vez que sufrí un dolor semejante?

• ¿Cuál es esa etapa de mi vida que mi hijo me está reflejando ahora?

• ¿Esta reacción en mí se ha convertido en una forma de respuesta cotidiana?

• ¿Qué intento mostrar a mi hijo a través de esta reacción?

• ¿Qué hay detrás de las emociones que mi hijo despierta en mí?

• ¿Puedo intentar percibir que mi hijo no es culpable de mis emociones y que el conflicto solo es el camino que la vida me ofrece para que tome conciencia de mi dolor?

• ¿Puedo intentar ver este conflicto desde el punto de vista de mi hijo, ponerme en su lugar y esforzarme por comprender lo que me está manifestando?

• ¿Qué dice de mí lo que ahora proyecto?

Respuestas plausibles

○ Reflexiona acerca de tus proyecciones y procura detectar el miedo (o la herida) que manifiestas a través de ellas.

○ Una vez que identifiques tus heridas, no te juzgues. Si aprendes a no criticarte ni rechazarte por sentirlo, es muy probable que logres sanar el dolor que manifiestas. Si eliges darte ese abrazo que nunca recibiste, te sentirás más tranquilo contigo mismo.

○ Observa lo que haces y piensas. Si te sorprendes repitiendo esas actitudes, no te desanimes, solo vuelve a empezar. Mantén firme tu propósito de transmitir amor.

Afirmaciones de amor

✓ Puedo construir una historia nueva, donde pueda surgir el amor por mí, sanando todo el dolor padecido.

✓ Me desprendo de aquello que creo que merezco para agradecer cuanto tengo y recibo hoy.

✓ Dejo ir lo que nunca fue. El dolor pasado ahora puede convertirse en mi fortaleza.

✓ Soy capaz de comprender y reparar el daño que ha recibido mi hijo debido al dolor que cargo dentro de mí.

Retos para hoy

Ya que comprendo el mecanismo de la proyección puedo reconocer el sacrificio que mi hijo ha hecho por amor a mí. Aprecio que sigue amándome a pesar del dolor que ha tratado de separarnos.

En vez de atribuir a mi hijo ser la causa de mi sufrimiento, me dedicaré a atender lo que hay dentro de mí y a sanarlo.

Conclusión

Observar el miedo a través de mis proyecciones me ayuda a tomar conciencia, me transforma y me impulsa a sanar mis heridas. Reconocerlas me lleva del miedo al amor.

* * *

Amarte es indispensable para poder amar a los demás. Este sentimiento surge cuando eres capaz de hacerte cargo de cuanto hay en tu interior y sanarlo, con amor y respeto hacia tu historia. En el siguiente capítulo encontrarás algunos ejercicios que te ayudarán a lograrlo. Te invito a buscar un espacio donde puedas realizarlos con privacidad, dándote la oportunidad de estar contigo mismo a solas y en paz.

Capítulo 10
Tú puedes sanar tus heridas

El niño interior

Para continuar, se requiere primero conocer un término importante: el niño interior. Este concepto define aquella parte de nuestra personalidad que refleja al niño que alguna vez fuimos. Eso no significa que tengamos una parte que no ha crecido o madurado, más bien, se refiere a que, en la niñez y ante situaciones de violencia o maltrato, surgieron en nosotros emociones como la tristeza, la ira o la frustración, que tuvimos que reprimir o esconder por la necesidad de ser amados y aceptados.

Esa parte de nuestra personalidad se encuentra en nuestro inconsciente y solo aparece cuando enfrentamos momentos que reviven conflictos sin resolver. Muchos de los pensamientos que nos impiden reaccionar ante nuestro hijo desde el amor surgieron en esta etapa de la vida y se manifiestan ahora, mientras damos por hecho que nos protegen del dolor.

Sanar al niño interior

Al reconocer las heridas de nuestro niño interior, obtenemos la comprensión necesaria para sanar muchos de los problemas que tenemos como adultos y con nuestros hijos. Así, dejamos de depositar en nuestro hijo emociones que nos pertenecen, y nos proponemos sanar por nosotros mismos en vez de exigir a nuestro hijo que nos sane y libere de ellas.

CÓMO EMPEZAR A SANAR

El sufrimiento por aquel abuso, por los golpes, por todas las lágrimas que pudiste haber derramado y por tu frustración y desesperanza, hoy puede ser sanado. La vida te ofrece una nueva oportunidad y estás listo para recibirla. Estás preparado ya para hacerte cargo de ti, para volver al amor, para decir: «¡Conmigo se detiene esta cadena de dolor!». Con el amor dentro de ti lo lograrás.

Ejercicios que te ayudarán

Este capítulo está enfocado a analizar y a poner en práctica gran parte de lo que hemos visto hasta ahora. Por ello, en la siguiente sección te sugeriré algunos ejercicios que te ayudarán a conectarte con lo que hay en tu interior. Para hacerlos, ubícate en un lugar cómodo y privado. Asegúrate de que nadie te interrumpa para que te relajes y te sientas en paz. Antes de empezar cada uno, léelo hasta el final y memoriza lo más que puedas. Esto te permitirá enfocar tu mente y tu corazón, lo cual facilitará tu concentración. Te recomiendo que, surja lo que tenga que surgir, no intentes controlar, solo deja que todo fluya. Recuerda a cada momento sentir mucho amor y comprensión hacia ti.

PASOS HACIA LA SOLUCIÓN

Los ejercicios están diseñados de tal forma que no necesitas hacerlos uno después del otro. Puedes hacer el primero y dejar pasar unos días para que te acostumbres a la nueva sensación. Una vez que lo hayas integrado dentro de ti, podrás realizar los siguientes con mayor comodidad.

Reflexión

Tú eres amor. El proceso de sanar tus heridas empieza cuando comprendes que dispones de una fuerza que abraza al niño herido que hay en tu interior. Desde ahí puedes cuidar de ti; con paciencia, cariño y ternura lograrás hacerte cargo de ti sin depender de que alguien venga a sanarte. Puedes decirle a tu niño herido que tienes la capacidad de protegerte y darle la seguridad de que te cuidarás permanentemente. Eres un adulto pleno de amor, mismo que se propagará hacia aquellos a quienes amas. Ya no requieres utilizar estrategias que lo único que hacen es separarte del amor.

Qué hacer

Ejercicio 1: Encuentro con mi niño interior

Acomódate en ese lugar donde estarás tranquilo y respira con calma. Ahora, mira a este hombre o esta mujer que eres ahora: un adulto fuerte y capaz de resolver sus propios problemas.

◆ Inicia un viaje fantástico hasta tu infancia. Dirígete a buscar al niño o a la niña que también eres tú, ve hacia aquel lugar donde se escondía, donde se refugiaba, donde podía sentirse mejor, donde permanecía la mayor parte del tiempo, tal vez en soledad. ¿Recuerdas cómo era ese lugar y por qué lo elegías? Mira sin detenerte. Empieza a caminar despacio y recuerda poco a poco. Ahí se encuentra esa parte de tu vida en la que fuiste un niño o una niña que vivió momentos de alegría, pero también muchas experiencias tristes. Camina con lentitud y busca hasta encontrarlo.

◆ En el momento en que descubras a ese niño o niña que fuiste, salúdalo con amor y dile quién eres. Observa su expresión al verte. Fíjate en qué hace y, sobre todo, en cómo se siente. Quizá llegaste en el momento preciso en que sufría a causa de cuanto vivía. A lo mejor en ese momento empezaba a surgir el miedo en su corazón y no sabía identificarlo ni manejarlo.

◆ Habla con ese niño. Toma sus manos, abrázalo, besa su frente, consuela su sufrimiento y seca sus lágrimas. Llénalo de calma y seguridad. Dile que has llegado por él y ya nunca más volverá a sentirse solo. Dile que les espera un futuro radiante porque tú ahora eres grande, fuerte y puedes cuidarte. Abraza a ese niño de tu pasado, aquel que fuiste, estréchalo con fuerza y llévalo a tu corazón, que es su mejor refugio.

◆ Pon tus manos en tu pecho y vuelve lentamente al presente. Todo ha cambiado y ahora puedes sentir a ese niño que fuiste. Es tu niño interior y contigo está protegido y seguro. Nadie podrá volver a dañarlo. A partir de hoy ese niño vive en ti y podrás sentirlo, hablar con él y darle cariño y consuelo cada vez que se manifieste.

Ejercicio 2: Mi hijo es mi maestro

Para llevar a cabo este ejercicio es preciso que observes algunas actitudes y reacciones frecuentes que podrías manifestar como consecuencia de la herida que sufres y que tal vez sea la que anhelas sanar.

Presta atención a cómo te sientes en los momentos en que te cuesta trabajo mantenerte sereno, por ejemplo, al discutir con tu hijo (o con otras personas). Será entonces, cuando te cuesta mantener el control de tus emociones, que surgirá el sufrimiento. Percátate de lo que pides, reclamas o exiges al otro —por ejemplo, a tu hijo—. Ahora busca un lugar donde puedas escribir en calma y analiza estas preguntas:

- ¿Qué necesito que mi hijo haga para sentir que todo está bien?
- ¿Qué le estoy pidiendo que cambie?
- ¿Qué emociones surgen ante los problemas con él?
- ¿Cómo me siento ante las dificultades?
- ¿Qué se podría solucionar si él se decidiera a cambiar?
- ¿Qué necesita hacer para que yo me sienta bien?

Contéstalas y después de cada respuesta deja un espacio. Reflexiona y escribe por qué necesitas eso. Veamos un ejemplo. *¿Qué necesito que mi hijo haga para sentir que todo está bien? Necesito que deje de gritar. ¿Por qué? Porque cuando grita, me siento humillado, siento que quiere pasar por encima de mí y no me respeta.*

Como ya vimos, será muy útil detectar que cuando reclamas que tu hijo satisfaga tus necesidades de respeto y aprobación, reflejas tus heridas internas. Fíjate cómo, cuando el miedo se hace presente, le exiges que te brinde aquello de lo que sientes que careces. Por ejemplo, si exiges respeto, quizá ignoras cómo enseñarle a respetarte. Probablemente en tu infancia haya una larga historia de humillaciones y gritos que no has podido olvidar y sanar, y hoy los gritos de tu hijo reviven esa herida. Tienes que *exigirle* respeto porque no sabes *enseñarle* a respetarte, pero, por más que se lo exijas, tu hijo está decidido a ser hosco, huraño y grosero contigo.

Toma conciencia de cómo se está reflejando el dolor. Si necesitas (obligas a) que tu hijo sea respetuoso contigo, indirectamente le estás pidiendo que sane tu necesidad de respeto. Quizá nadie fue respetuoso contigo en tu niñez y creciste con esa necesidad. Ahora puedes sanar esta y ofrecerte el respeto que mereces. Al hacerlo, empezarás a actuar desde el amor y mostrarás a tu hijo cómo ser respetuoso contigo.

<u>Ejercicio 3: Reconocer mis necesidades</u>

Encuentra un momento de tranquilidad y contesta esta pregunta:

¿Qué es lo último que me gustaría que mi hijo pensara
de mí?

Seguramente tu respuesta reflejará ese anhelo que hay en tu corazón, la razón por la que crees que actúas como lo haces. Analiza tus pensamientos y las necesidades que hay detrás de ellos. Anótalos.

A continuación, pregúntate:

¿Qué quiero que mi hijo piense de mí?

Algunas posibles respuestas son:

✓ Quiero que valore lo que hago por él.
✓ Quiero que piense que soy buen padre.
✓ Quiero que sepa que lo amo.

Compara las respuestas a ambas preguntas y busca si detrás de esos pensamientos estás revelando aquellas necesidades que aún no detectas. Quizá te estás dejando guiar más por tu necesidad de aprobación y reconocimiento, que por la premisa de que no necesitas que tu hijo piense algo respecto a ti. No se trata de querer controlar sus pensamientos o sentimientos con tus acciones, porque con eso le enseñarías a manipularte y, por consiguiente, te quejarías de que tu hijo es manipulador y controlador. De lo que sí se trata es de que puedas actuar desde el amor sin que nada más influya en ti. Libre de miedos y heridas.

Ejercicio 4: Escuchando tu interior

Una vez descubiertas tus necesidades internas, encontrarás tus heridas ocultas tras ellas. En cada dolor, grito o sensación de desesperanza, se encuentra una herida por sanar. Cuando sientas tristeza y ganas de llorar, cuando sientas que nadie te escucha y entiende, cuando te gane la desesperación, necesitas echar mano de tu amor propio. Haz el ejercicio siguiente, te ayudará a encontrarlo.

En ese lugar especial donde puedas estar en paz contigo mismo, respira libremente e intenta enfocarte en lo que ha hecho que surja el sufrimiento en tu corazón. El dolor viene de tu infancia, de tus necesidades, de ese cariño, respeto y aprobación que nadie te dio. En calma, pídele a tu niño interno que muestre el dolor que lleva guardado. Amorosamente dile:

Aquí estoy, te escucho. Aquí estoy para ti.

Observa lo que mana de ti. No pretendas controlar la emoción que surja, mantente atento y tranquilo. Quizá tu niño herido tenga muchas ganas de llorar, permítele que lo haga. Deja que llore, que grite, que saque cuanto necesite sacar, pero desde el adulto que eres ahora, observa lo que hace. Permite que el dolor fluya hacia fuera mientras lo miras. A medida que aflore, querrás estar ahí para ti, sin miedo, sin sobresaltos. Cuando tu niño interior haya logrado expulsar ese dolor, como adulto, consuélalo, abrázalo, y con amor y ternura dile:

Aquí estoy para ti, yo te cuido y te protejo.
Lo que has sentido está bien.
Confía en mí, ahora yo soy fuerte y no permitiré
que vuelvas a sufrir.
Yo te cuido y te protejo. Conmigo estás seguro, todo está bien.

Dilo y repítelo tanto como sea necesario, hasta que estés seguro de que te has escuchado. Hasta que sientas cómo en tu corazón empieza a surgir una fuerza nueva que proviene de ti. Hasta que encuentres esa luz interior que hay en ti y que solo necesitaba que la descubrieras. Si aprendes a escucharte, conectarás con tu esencia y el alivio fluirá para ti. La serenidad que surge después te hará vivir en plenitud y tendrás la oportunidad de conocer a ese verdadero ser de luz y amor que hay en tu interior.

Ejercicio 5: Elige tu respuesta

A partir de ahora, siempre que se manifieste una de tus heridas, procura no dejarte llevar por el miedo. Más bien, permítete escuchar lo que esta te indica. Recuerda que puedes estar contigo, escucharte, abrazarte y darte el amor que tanta falta te ha hecho.

Veamos un ejemplo. Si se presenta alguna situación donde surja el enojo, puedes decirte:

Aquí estoy para escucharte, sé que estás enojado por esta situación
y crees que necesitas defenderte. Está bien sentirte enojado, nadie
te juzga. Ahora te abrazo con mi corazón y te recuerdo que yo te
cuido y te amo. Nadie te forzará a hacer o dar algo que no
deseas. Respira en calma, estoy aquí, te cuido y te doy amor.

Percibe cómo disminuye el miedo. Cuando estés tranquilo, elige la respuesta que como adulto prefieres dar. Ya sin enojo, miedo o resentimiento.

Afirmaciones de amor

- ✓ Merezco vivir con amor.
- ✓ Merezco conocer quién soy realmente.
- ✓ Merezco expresarme por medio del lenguaje del amor, formar hijos fuertes y con autoestima.
- ✓ Soy amor, soy luz, soy perfecto y mis hijos también lo son.

Reto para hoy

Miro a ese niño o a esa niña que ha vivido en mí. Observo con respeto lo fuerte que ha sido a pesar de ser pequeño. Ese niño no sabía que en mí hay un adulto fuerte y decidido. Elijo descubrirlo y poner manos a la obra. Así ayudaré a que mis heridas cicatricen.

Conclusión

Por amor hoy conecto con mi niño interior herido
y decido sanarlo.
Renuncio a rendirme, hoy elijo sanar y amar.

* * *

Una sugerencia para complementar tu proceso de sanar tus heridas: si quieres ahondar aún más en este maravilloso camino de amarte a ti mismo, te invito a integrar a tu proceso personal la lectura de mi libro **¿Por qué mis padres no me aman?** (Pax). En él se analizan las relaciones que tienes con tus padres; en él encontrarás respuestas que te conducirán a sanar tus heridas y a eliminar aquellas falsas percepciones que tenías de ti.

Parte 4

Una nueva actitud

Confía en tu hijo.
Si él dice que hay algo que sanar, ten la seguridad de que anhela
la mejor conexión entre ustedes.
Recuerda, tu hijo necesita saber que lo amas y que ambos están bien.

Capítulo 11

¿Y las discusiones?

Me preparo para dialogar con mi hijo sin palabras que exalten
y nos lleven de nuevo al miedo.

¿Te has percatado de que el padre que discute con su hijo es aquel que aún no ha reconocido sus heridas? Como ignora quién es, tampoco reconoce en su hijo un espíritu con sus propios ideales y talentos. Únicamente lo obliga a ajustarse a sus expectativas, depositando en él la tarea de congraciarse y sanar la relación. Cuando supone que le ha fallado, deja de darle amor. En vez de comprender el mensaje que transmite, se enfoca en cómo le afectan los comportamientos de su hijo y en evitar que se muestre tal cual es.

Ahora tú ya has tenido la oportunidad de reconocer lo que sucede en tu interior y puedes elegir reaccionar en forma diferente. Por ello, busca mantener una nueva actitud ante los eventos en los que antes se manifestaban el miedo y el dolor. No escuches a quien intente convencerte de que tu hijo intenta perjudicarte o herirte, ni siquiera te escuches a ti mismo.

Lo que ocurre al discutir

Trata de distinguir qué sucede si interpretas las diferencias de opinión a través de tus heridas. Te será difícil sostener una conversación amable, comprensiva y razonada con tu hijo (y con cualquier otra persona). Reaccionarás exigiendo y aumentarás el conflicto, pero ignorarás por qué. Además, correrás el riesgo de dar por hecho que es tu hijo quien te arrastra a pelear. Para evitarlo, cuando te encuentres en plena discusión, sea cual sea su causa, detente un momento para distinguir qué te impide comunicarte con amor.

Recuerda que, si los padres exigen a su hijo responder a sus expectativas, el hijo interpreta eso como falta de aprobación e intentará encontrar alguna manifestación de cariño hacia él. Siente que lo rechazan por ser como es y eso paraliza su corazón, baja su autoestima y provoca que se enoje consigo mismo. Para defenderse, pretende obligar a sus padres a que le demuestren afecto discutiendo, quejándose, retándolos y exigiéndoles reaccionar.

Por su parte, los padres deben estar conscientes de qué es lo que defienden cuando discuten. Pero, ante el desconocimiento de la causa de sus inquietudes, no ven que su hijo no los hace sufrir; más bien, todo es consecuencia de esas heridas que impiden establecer una comunicación guiada por el amor.

El enojo de un hijo se deriva del dolor que le ocasionaron sus padres. Por tanto, antes de continuar convenciéndolo de que necesita cambiar, sé cauteloso con respecto a lo que expresas y la forma en que lo haces.

Actitudes que conviene evitar

Cuando hables con tu hijo, evita estas manifestaciones de violencia verbal que algunos padres suelen ejercer:

- Agredirlo, a solas y frente a otras personas.

- Burlarse de él y avergonzarlo.
- Ponerle «etiquetas», por ejemplo, a su cuerpo: gordo, flaco, chaparro, moreno, inútil, etcétera.
- Hacerlo sentir culpable.
- Hablarle con sarcasmo e ironía.
- Hablarle mal de sí mismo, convencerlo de que está mal.
- Compararlo, despreciarlo.
- Nunca corresponder a sus muestras de cariño.
- No mostrar interés por su conversación, por su vida.
- Criticar su manera de comer, vestir, hablar... Criticar lo que sea.
- Alentar el maltrato de otras personas hacia él.
- Decirle que exagera en sus reacciones, que lo hecho fue sin intención.
- Retarlo con ofensas para manipularlo.
- Decirle que es imposible amarlo tal como es.
- No intentar mantener una buena comunicación con él.
- Negarse a comprenderlo, creer que es él quien les debe comprender.
- Asegurarle que es su culpa, que merece ser tratado sin respeto y sin amor.

La violencia verbal y la arrogancia son productos del miedo. No creemos que lo hemos herido y con esta actitud lo herimos aún más.

Las palabras que alejan del amor

Si un padre ignora cómo sus heridas lo apartan del amor, al iniciarse las desavenencias con su hijo, empeorará la situación defendiendo y esgrimiendo razones por haberlo lastimado.

Si analizas tus palabras, observas tus reacciones y aceptas cuanto ocurre en tu interior, evitarás los conflictos. De ahí la importancia de reconocer que cuando reaccionas desde el enojo («Tengo que ponerlo en su lugar», «un hijo debe respetar a sus padres», «se está burlando de mí», «no me hace caso»), en realidad están surgiendo tus heridas y son estas las que los alejan del amor.

Hablar sin escuchar

Ante el conflicto, los padres insisten en sus puntos de vista mientras su hijo solo intenta sentirse amado. Este «estira y afloja» genera gran cansancio para ambas partes. Entonces, cuando el hijo —quizá harto de defenderse y de no sentirse valorado— responde con insolencia a sus padres, por lo general ellos no relacionan esta conducta como una respuesta a sus propias actitudes. En vez de comprender que su hijo solo se defiende, asumen que los está retando.

Evita caer en explicaciones que refuercen tu creencia de que no cometes errores porque de esa manera aumentarás los conflictos. Demuestra que deseas escuchar y comprender. Una actitud arrogante aumentará la frustración de tu hijo y la comunicación se perderá.

Ignorar sus palabras

Pocos padres reflexionan e indagan la razón por la que su hijo se queja de ellos. Lo que hacen es convencerse de que son cosas de los hijos y se le pasará. En consecuencia, olvidan su mensaje y siguen actuando como siempre lo han hecho. El hijo siente que no se le escucha ni se le valora. Además, confirma lo que ya sabía: sus padres no lo aman ni confían en él.

Tú puedes actuar diferente desde el momento en que eliges dejar de discutir con tu hijo para empezar a escucharlo con atención y mostrarle amor. Esta actitud por sí misma tiene el poder para que él renueve su fe en ti, para que sienta tu interés por sus sentimientos y su vida. Para que crea que por fin van a estar bien.

Una palabra amorosa puede cambiarlo todo

Te invito a dirigirte a tu hijo de un modo diferente, a elegir tus palabras desde el amor y no desde el miedo. A escuchar sin ofenderte y a reaccionar buscando una solución que los acerque. Pon tu corazón al servicio del amor y defiende el cariño que existe entre ambos. Recuerda que tu hijo quiere lo mismo que tú: estar bien. Por lo mismo, te propongo poner en práctica las actividades que expongo a continuación.

- *Confía en tu hijo*

  Escuchar a tu hijo con amor significa que puedes confiar en él. Si dice que lo has herido, no lo hace porque tenga alguna malévola intención de perjudicarte, sino porque siente que necesitan reparar ese dolor. Ten la seguridad de que está buscando lo mejor para ustedes, aun cuando su actitud parezca demostrar lo contrario. Así, cuando se presenten momentos difíciles, tomarás en cuenta que tu hijo necesita saber que lo amas y anhela que estén bien.

- *Cuida lo que dices*

  No es posible afirmar que un padre ama a su hijo si lo humilla y agrede. Tampoco es posible escudarse en el amor mientras sus palabras destilan rabia y sus miradas, rencor. No se vale hacer frases «de broma» y alegar que «no lo decía en serio». Una burla puede permanecer anclada en el espíritu de un hijo para siempre. Si nadie le ayuda a resolver esa herida, incluso puede inmovilizarlo, desmotivarlo y destruir sus ganas de vivir.

Si no cuidas lo que dices a tu hijo, puedes herirlo para siempre. Esto ocurre porque hay un debate en su interior. Por un lado, su lealtad incondicional hacia ti querrá defender que lo amas, de modo que, si le manifiestas desaprobación o desprecio, tu hijo creerá que algo malo hay en él. Por otro lado, en el momento en que comprenda que tus palabras tenían la intención de lastimarlo, se enojará y resentirá contigo. Él reconocerá con claridad cuando intentes causarle dolor y te rechazará por ello.

- ***Encuentra una solución, no lo calles***
Cuando actúas llevado por el miedo, buscas cómo demostrar a tu hijo sus errores. Si solo lo apoyas cuando está de acuerdo con tus ideas o cuando alcanza tus expectativas, en realidad lo estás rechazando. Detrás de esta postura hay una manipulación velada. Ser padre requiere ser objetivo, ser empático, escuchar con apertura y atención, actuar con un intenso deseo de sanar las propias heridas, y trabajar en ello cada día. Requiere, sobre todo, evitar creer que quien piensa distinto a él debe pagar por su osadía e impedir a toda costa el esperar que su hijo sufra o que le vaya mal para demostrarle que no tenía razón.

- ***Evita pensar que necesitas ganar en las discusiones***
Observa cómo, al discutir con tu hijo, lo haces dando por hecho que tú tienes razón y él no. Lo ves como el pequeño y, por supuesto, tiene que saber menos que tú. En esa mala comunicación, cada palabra, además y silencio pueden ser malinterpretados y provocar mayor distanciamiento entre ambos. Negarse a conciliar y a actuar desde el amor nos hace esclavos del miedo y cualquier discusión nos provoca dolor y aumenta el distanciamiento.

• *Determina qué hacer mientras él habla*

A partir de hoy, observa la forma en que le respondes: ¿le refutas o le prestas atención? Detecta si escuchas con el corazón abierto y con el ánimo de encontrar una solución o si te gana la impaciencia y mientras habla, tú piensas en qué contestarle. Observa si le muestras respeto o si optas por interrumpirlo y reafirmarle que anda mal. Si has hecho esto, quizá tu hijo sienta que no le has mostrado amor como deberías, aunque tú creas que sí lo has hecho. Lo que dice es una oportunidad para que te conozcas. Por eso, no le reclames ni intentes hacerlo cambiar de opinión, tampoco te ofendas ni te hagas la víctima, pues lo interpretará como falta de interés y amor. Analiza si te invade la idea de que el daño está hecho y no hay manera de solucionarlo. Esto significaría aceptar vivir en el enojo y el desamor, lo cual no es justo para ti ni para tu hijo. Si te encuentras en una situación de este tipo, concéntrate en escuchar las palabras de tu hijo, pon atención y comprende lo que te transmiten.

• *Escoge lo que comunicas*

Evita interrumpirlo, no discutas ni le contradigas, tampoco niegues sus sentimientos. Más bien, acepta la posibilidad de que no se sienta amado, respetado y valorado. Escucha lo que te dice sin enojarte, tratando de entenderlo; al fin y al cabo, su anhelo es que entre ustedes haya paz y amor. Cuando estén en calma, pregúntale por qué te dice eso, vigilando que tus palabras y tu voz demuestren interés y no que lo estás juzgando. Escucha su respuesta, sin defenderte. No te excuses, no te justifiques, no pretendas contradecirlo ni descalificarlo. Guarda silencio y presta atención. Detén esos pensamientos que te instan a ponerte a la defensiva y decídete a permanecer tranquilo. Una vez que él termine de hablar, pregúntale qué podrías hacer de manera diferente. Dile incluso que te apoye porque tú quieres mostrarle tu amor y asegurar que su relación sea armónica. Sé sincero, evita decepcionar a tu hijo, él sabrá si le hablas con el corazón o únicamente porque te dejaste llevar por la culpa y el miedo.

Mantente tranquilo, comprende que las reacciones de tu hijo hablan de su sufrimiento y no de que quiera lastimarte o molestarte. Al sentir tu serenidad, empezará a regular sus emociones, dejará de estar a la defensiva y se mostrará dispuesto a hablar en vez de discutir.

- **Revisa tus pensamientos**

Cuando peleen, procura detectar si lo estás acusando o si buscas convencerlo de su mal comportamiento. Entonces, detente y guarda silencio unos momentos para buscar en tu interior y plantearte estos cuestionamientos: «¿Por qué menosprecio a mi hijo? ¿Qué defiendo en realidad cuando discuto con él? ¿Por qué deseo convencerlo de que no está en lo correcto? ¿Qué resultado obtendré con esto? ¿Qué persigo al destruir la autoestima de mi hijo? ¿De qué me estoy defendiendo? ¿Cuál es la herida que manifiesto con mi actitud?». Tus respuestas serán fundamentales para definir las mejores soluciones a situaciones de conflicto.

- **Observa cómo responde**

Cuando tu hijo reclama tu aprobación, en realidad te pide que lo escuches y respetes; reclama su derecho como ser humano. Él merece que valores lo que aporta a tu vida; si lo convences de no ser suficiente, se volverá inseguro. Mejor intenta encontrar el equilibrio entre comprender sus necesidades y fomentar una comunicación sostenida y coherente.

Es más importante brindar una sana autoestima a tu hijo que obstinarte en tener siempre la razón.

• *Elige comprender*
Considera que el sufrimiento de tu hijo solo revela su imposibilidad para comunicarte cómo se siente. Quizá la aparición de su enojo te cause sorpresa, indignación y hasta impotencia. Tal vez tus emociones se disparen y quieras actuar a la defensiva, pensando más en ti que en él. Si, en cambio, te propones comprender que su comportamiento surge como consecuencia de sus heridas, verás todo de forma diferente y reaccionarás con amor.

• *Evita causar más dolor*
Evita creer que para ganar la «batalla» entablada con él tienes que agredirlo aún más, ser más exigente —más agresivo—, amenazarlo con correrlo de la casa, negarle tu apoyo o retirarle la palabra, castigarlo prohibiéndole sus actividades preferidas, restringir lo que ama hacer. No te hagas el digno ni pretendas convertirte en el padre intachable que le ofrece ayuda para solucionar sus problemas con la intención de reformarlo. Estas actitudes revelan falta de amor y empatía de tu parte, así como tu miedo a haber fallado como padre y ser la causa de su rebelión.

• *No juzgues*
Tu hijo tiene derecho a mostrarte su enojo y decepción, a decirte que hay actitudes tuyas que le causan sufrimiento. Merece que lo escuches y respetes sus emociones, que las entiendas como la única manera que tiene de comunicarse contigo. Por eso, no permitas que su comportamiento te convenza de tener una mala opinión de él, no lo juzgues ni

te juzgues. No asumas que siempre has actuado bien ni evadas la parte que te corresponde cuando él no logre controlarse durante la discusión. No creas que, porque se enoja o grita, no tiene razón, quizá la tenga y no sabe cómo expresártelo. Si le aseguras que lo amas, pero insistes en reprenderlo, solo aumentarás su decepción y la distancia entre ustedes. Él sabrá que no lo escuchas y acabará convencido de tu falta de interés y tu poca disposición para sanar la relación.

- *Reconoce su sentir*
  Un hijo no se queja con el afán de herir o controlar, lo hace desde su necesidad de cariño y aprobación. No obstante, pocos padres comprenden que su reclamo obedece a su deseo de arreglar las diferencias. Cegados por el miedo, sienten sus palabras como una falta de respeto, ingratitud, berrinche o drama. Por consiguiente, el afán de un padre de este tipo será persuadir a su hijo de que sí es amado, pero para eso lo regaña, lo tacha de malagradecido, se enoja con él o lo rechaza. Lo que no hace es interesarse en sus sentimientos. Tampoco se propone demostrar amor mediante sus acciones porque, sencillamente, ignora cómo hacerlo. Solo querrá apoyar su idea de que cuanto ha hecho por su hijo es correcto y no debe ser juzgado ni criticado. La relación mejorará si reconoce que su hijo no intenta aprovecharse de sus padres ni manipularlos o hacerlos sentir mal. Si en ocasiones pareciera que lo hace, es porque sus actitudes expresan miedo. Cuando un hijo reclama su falta de amor, eso es justo lo que ocurre, no se siente amado. Con esto, inconscientemente abre la oportunidad de cambiar la situación para que se manifieste el amor entre él y sus padres.

- *Respeta sus sentimientos*

  Actuar desde el amor implica aceptar que, si tu hijo está enojado o resentido, es por algo, aunque no sepas bien a bien por qué es. Esta es una gran muestra de humildad. En el momento que aceptas que pudiste haberlo herido porque es imposible que seas perfecto, podrás mirar con respeto los sentimientos de tu hijo en vez de sentirte agredido por ellos. Desde ahí podrás expresarle tu amor, mostrar calma, alejar el miedo, mantenerte sereno. No tendrás necesidad de huir ni de exigir que reaccione en la forma que habrías considerado ideal para sentirte seguro de haber sido buen padre.

- *Defiende a tu hijo*

  Verifica si, al interactuar con él, te empeñas en defender tus acciones y tus pensamientos. Por ejemplo, si crees que tu hijo es incapaz de enseñarte algo. Si sientes que te exasperan sus comentarios o que te está retando. Si insistes en tener razón, sin analizar el mensaje. Si piensas que es malagradecido o que sus palabras son agresivas. Recuerda que tu hijo quiere que entre ustedes prevalezca el amor y lo está defendiendo. Defiéndelo tú también. Escucha lo que cree, presta atención a lo que pide. Mantén firme en tu corazón la idea de que tu hijo es bueno y defiéndela incluso ante ti mismo.

- *Dirígete hacia una comunicación asertiva*

  A las palabras no se las lleva el viento, todo lo contrario, pueden ser armas que causan un gran dolor. Cualquier sufrimiento que el padre provoque con sus palabras quedará tatuado en el corazón de su hijo. No solo las palabras amables permanecen, también aquellas que duelen quedan grabadas en la memoria de cualquier hijo y lo dañan por mucho tiempo. Al actuar desde el amor, los padres observan con atención la forma en que se dirigen a su hijo. Han aprendido que sus palabras pueden ser un dardo envenenado que influirá negativamente en su hijo y que el sentimiento que se generó quizá nunca pueda eliminarse.

- *Comprométete a ser asertivo*
  Para mantener una comunicación sana y asertiva con tu hijo, comprométete a evitar perder el control, caer en discusiones y en demostraciones de impaciencia y decepción. Amar implica controlar tus palabras y mostrar asertividad. Implica demostrar amor y respeto a tu hijo, y mejorar así la comunicación. A la larga, la relación entre ustedes se verá beneficiada.

Actuar con responsabilidad

¿Quién detiene las palabras de un padre enfurecido o una madre exaltada? ¿Quién determina qué puede decir a su hijo y qué no? En tus manos está la solución. Actúa con responsabilidad. Observa si el enojo de cualquiera de los dos puede ponerlos en peligro. Si hay incidentes agresivos o si la situación se sale de control, busca de inmediato la ayuda de un especialista, tanto para ti como para él.

La opción inteligente

Cuando hables con tu hijo, evita las siguientes actitudes:

- Hacerte el ofendido.
- Ser mordaz.
- Interrumpirlo.
- Levantar la voz.

- Decir palabras hirientes.
- Obstinarte en tu razonamiento.
- Criticar sus argumentos.
- Abusar de tu autoridad.
- Tener la última palabra.
- Disfrutar ganar en sus discusiones.

Mejor elige:

- Esforzarte por comprender su punto de vista.
- Escuchar sus razones.
- Decir palabras amorosas.
- Conciliar.
- Mantener el control de tus emociones.
- Disfrutar dialogar con él.
- Apoyarlo.
- Estar de su parte.
- Aprender de tu hijo.

PASOS HACIA LA SOLUCIÓN

Para aprovechar lo aprendido en este capítulo y ponerlo en práctica, te invito a dar los siguientes pasos.

Reflexiones

Una de las tareas de un padre es comprender que su hijo es la última persona de quien necesita defenderse.

Si yo me niego a reconocer que tras mis acusaciones en realidad hay menosprecio, mi hijo, en su necesidad de ser aceptado, irá tras cualquier persona que le ayude a obtener una buena imagen de sí mismo, suplicando amor y rebajándose ante el capricho ajeno, lo cual lo vuelve vulnerable a caer en relaciones de maltrato.

Qué hacer

- No discutas con tu hijo. Más bien, enfócate en escuchar cuanto te dice con atención e interés, sin defenderte. De esta manera le enseñarás que es importante y amado.
- Reconoce que lo único que en verdad lo protegerá es el amor por su propia vida, su autoestima y la fe en sí mismo. Tú puedes enseñarle todo eso. Comienza hoy.
- Toma en cuenta que eres la única persona que le dará las bases para que se ame. Empieza a hacerlo ya en cada momento.
- Impide que tus expectativas te hagan exigirle a tu hijo que satisfaga tus necesidades de aprobación y reconocimiento.
- Niégate a tener una actitud soberbia demandando que tu hijo te obedezca y haga reverencias solo porque eres su padre.
- Enséñale a sentirse bien consigo mismo, a confiar en ser su propia fuente de aprobación. ¡Manos a la obra!
- Muestra —con palabras y con acciones— más interés por el bienestar de tu hijo que por imponerte, tener la razón o ganar una pelea con él.
- Mantén tu humildad: ser padre o madre no significa ser perfecto.

Afirmaciones de amor

- ✓ Acepto que mi hijo nació con derecho al amor, al igual que yo.

✓ Hoy aprendo a respetar su ser.

✓ Elijo mis actos como padre/madre desde mi conciencia.

Reto para hoy

Digo sí al amor. En cuanto empiezo a interactuar con mi hijo desde el amor, la mala relación empieza a desvanecerse. Al reconocer mi participación en su dolor puedo dar un giro y anular en el acto las palabras insensibles, el reproche, la queja, para dar paso a una comunicación consciente, presente y sin la influencia del dolor acumulado durante años. En ese preciso momento, cuando aparece la conciencia, sin dudarlo diré «sí» al amor y permitiré que mi esencia amorosa me dicte cómo actuar y dejar el miedo atrás.

Conclusión

Escuchar a mi hijo me permite comprender su inmenso amor hacia mí.

* * *

El amor se demuestra a través de una serie de acciones que, si no las encontramos en una relación, no podemos asegurar que ese sentimiento esté presente. Por ello, en el siguiente capítulo presentamos varias acciones que hablan del amor y la forma en la que podemos reproducirlas. Te invito a reflexionar sobre cada una de ellas y responder por qué es conveniente integrarlas a la relación con tu hijo.

Capítulo 12
Acciones que hablan de amor

Quiero ser consciente de cómo el miedo interfiere en el amor
que quiero manifestar a mi hijo.

ASUMAMOS LA RESPONSABILIDAD

Si aceptamos que, aunque nos habría gustado haber ofrecido un amor infinito, la realidad ha sido diferente, nos responsabilizamos de nuestros actos. Dejamos de causar sufrimiento y adquirimos mayor confianza en la forma de relacionarnos con nuestro hijo. Atrás quedarán ese llanto culpable, esa sensación de agonía y tristeza que surgen al saber que «algo» estamos haciendo mal, aunque no sepamos qué es. Dejamos de proyectar dolor en nuestro hijo para buscar un acercamiento sincero y cariñoso con él.

Para lograrlo empezamos a prestar atención al momento, a ponernos en alerta para evitar actitudes que lo lastimen. No queremos ofrecerle una mala imagen de sí mismo, sino, por el contrario, ayudarlo a ver su belleza interior.

Somos capaces de reconocer cuándo aparece el miedo, pero no permitimos que nos controle porque ya decidimos cómo actuar.

Ahora nos centramos en enseñar a nuestro hijo a amarse a sí mismo. Esta es nuestra misión más importante y noble.

ACCIONES Y SU PUESTA EN PRÁCTICA

Un hijo puede sentirse amado cuando descubre que su padre o su madre actúa guiado por estas cualidades. Para manifestarlas, tan solo necesitas encontrarlas en tu corazón y permitirles que dirijan tus actos.

Las siguientes son acciones características de un padre que se deja guiar por el amor.

Practicar la empatía

Al sentir empatía, no juzga a su hijo ni a sí mismo, pues comprende que todos son susceptibles a equivocarse. Por ello, se muestra más cauteloso, más consciente de sus reacciones y más compasivo. Para lograrlo, empieza por mantener la calma ante las manifestaciones de miedo y sufrimiento de su hijo y toma en cuenta los sentimientos que demuestra. Entiende que tiene derecho a equivocarse y a vivir sus propias experiencias, así que se concentra en guiarlo, en ayudarle a reconocer su aprendizaje cuando las cosas no salen como a él le gustaría, y a amarse a sí mismo. Por otra parte, si es que su hijo la está pasando mal, le ofrece su comprensión y su mano amiga. No pronuncia las palabras: «Te lo dije», ni lo rechaza o deja solo con su sufrimiento, argumentando que es un merecido castigo a su actitud.

Preguntar antes de reaccionar

Si su hijo manifiesta algún comportamiento rebelde o enojo, antes de rebatirlo, le pregunta con tranquilidad y cariño qué le sucede. Se dispone a escuchar sus argumentos sin ofenderse ni oponerse a ellos. Escucha cuanto intenta explicarle porque sabe que no habla para causar molestia, sino que es su única manera de expresar su sentir. No lo calla, no lo interrumpe ni piensa en qué responderle para demostrarle que está en un error. No pretende ganar la discusión, no busca excusas ni defenderse. Mantiene la calma con el afán de aprender de sí mismo a través de lo que su hijo le manifiesta y encontrar una solución. Después analiza lo que su hijo compartió y con humildad buscan juntos una solución.

Generar confianza y cariño

Sabe que recelar de su hijo causa una enorme distancia entre los dos. Por lo tanto, prefiere confiar en el amor que ambos sienten y defenderlo. Es consciente de que el miedo puede aparecer para decirle que su hijo está desafiando su autoridad, o pretende manipularlo y salirse con la suya. Al detectar la cercanía de ese sentimiento, no permite que interfiera ni que le nuble la razón. Por el contrario, propicia un clima de cariño y confianza en el que el hijo puede explayarse, sabiendo que será comprendido y guiado si es necesario.

Respetar el punto de vista de su hijo

Aprende a ver cada desacuerdo con su hijo como una experiencia nueva que les permitirá conocerse. Evita reaccionar a la defensiva y creer que solo sus ideas son correctas, más bien, entiende que su hijo necesita también resolver los problemas entre ellos. Por lo que está dispuesto a hacer lo mismo —tanto como sea necesario— con la mayor disponibilidad. De esta manera muestra respeto, escucha con atención, pero, sobre todo, manifiesta interés por el bienestar de la relación.

Evitar hacer juicios

Evita juzgar lo que difiere de sus ideas, respeta a su hijo, aunque no piense igual que él. Ha aprendido que las personas no tienen que adaptarse a sus creencias e ideas y, si se rehúsa a aceptarlo, la vida lo llevará una y otra vez a repetir aquello que necesita aprender. Está consciente de que, si insiste en juzgar y se resiste a aceptar el aprendizaje, le negará a su hijo la posibilidad de adquirir confianza en sí mismo.

Reconocer las expectativas

Sabe que exigir a su hijo cumplir sus expectativas provoca que no se crea digno de ser amado. Por consiguiente, aprende a reconocerlas y mantenerlas como lo que son: solo pensamientos y exigencias sin fundamento. De esta forma, puede apartarlas de su mente y abrirse a la experiencia de conocer a fondo quién es su hijo, cómo piensa y siente, cuáles son las metas que quiere lograr. Esto le permite mirar su vida sin intervenir, confiando en él y respetando sus decisiones.

Dar aprobación

Reconoce que si le habla mal a su hijo de sí mismo le está negando su derecho a ser quién es y esa falta de aprobación lo llevará a la destrucción. Sabe que un hijo necesitado de la aprobación de sus padres, en vez de aprender a amarse y validarse, vivirá rogando ser amado. Por lo tanto, le enseña que es valioso y no necesita ser diferente para ser amado. Esto le permite conocerse y aprobarse, lo cual afianza su amor propio y le confirma que merece ser amado y respetado por los demás tal y como es.

No exigir perfección

Jamás exige perfección a su hijo; por el contrario, cuando tiene algún tropiezo, le muestra cómo salir adelante y lograr sus metas, manteniendo alegre su ánimo. Esa seguridad le enseña a su hijo que aprender a perder también es importante. Por eso, está presente para apoyarlo, sin importar el resultado. Esta confianza alienta al hijo a darse ánimos y fortaleza para superar las adversidades de la vida, a creer en sí mismo y sentir pasión e interés por su vida.

Pensar en cómo afecta a su hijo

Asume el gran reto de comprender y empatizar con su hijo, en vez de —como suele suceder ante cualquier dificultad por la que atraviesa— pensar más en cuánto le perjudica a sí mismo lo que ocurre. Evita la reacción común de protegerse, brindar soluciones, aconsejar o reaccionar de acuerdo con sus propios intereses, aunque abandone y/o perjudique a su hijo. Elige, más bien, dejar de lado sus expectativas para coincidir con su hijo, ponerse en su lugar y percatarse de cuánto le afectan a él las dificultades que padece. De este modo, es capaz de ofrecer amor y no frustración.

Ser humilde

No se siente importante frente a su hijo ni fomenta que le muestre reverencia. Se preocupa por el bienestar de su hijo, incluso más que por el propio. Sabe que esto redunda en su propio bienestar. Cuando detecta en sí mismo alguna sensación de superioridad, la elimina y busca relacionarse desde la humildad. Vence sus recelos ante la idea de mostrarse humilde, distingue la diferencia entre actuar con amor y respeto, y responder con agresividad y a la defensiva por temor a revelar su imperfección. La humildad le permite relacionarse desde la sabiduría, así puede escucharse, observarse y reconocer cuando el miedo intenta de nuevo entrometerse entre los dos.

Confiar en la vida

Sabe que un hijo no representa una oportunidad para demostrar a los demás el concepto que tiene de sí mismo. No se envanece, ni se jacta por los logros de su hijo. No le obliga a ser quien no es para satisfacer su hambre de elogios. Confía en que la vida lo guiará a encontrar su propósito, su razón de ser y lo preparará para lograrlo. Evita esperar recibir alabanzas y reconocimientos; prefiere la alegría de apoyar a su hijo en sus proyectos y decisiones, estimularlo para que siga confiando en sí mismo y motivarlo a que le perciba de un modo más cercano y afectuoso.

Comprender

Cuando su hijo manifiesta dolor, se enfoca con urgencia en actuar con amor. Comprende que es justo ahora cuando tiene que mostrar su amor de padre y su cercanía. Muestra su comprensión e identificación con su hijo. Es justo, no reprueba ni rechaza porque sabe que, al hacerlo, en vez de sanar, provoca más sufrimiento. Para él, lo más importante e ineludible en la vida es mostrar a su hijo que es amado.

Practicar ideas nuevas

Si su hijo le manifiesta que piensa de manera diferente, opta por mostrar disposición, respetar y aprender. No alega saber más que él ni rechaza el conocimiento que le comparte. Más bien, acepta que ser padre ofrece nuevos aprendizajes. Que cada día enfrentará momentos en los que se pondrán a prueba su amor y su disposición para escuchar, y que aprender uno del otro permite que ambos puedan amar sin condiciones.

Volver a empezar

Evita sentirse mal si, cuando aparece el conflicto, aún se deja dominar por sus emociones. No agrega más cargas y culpas. Toma un tiempo para acostumbrarse a funcionar en forma diferente, sin importar cuántas veces tendrá que presionar el botón de pausa y comenzar de nuevo o si de pronto se descubre reaccionando como no quería. Siempre, una y otra vez, puede volver a empezar.

ENFOCARSE EN ACTUAR CON AMOR

Es fundamental no desviarse de la ruta hacia el amor. Para lograrlo, es necesario adoptar ciertas actitudes. Veamos cuáles.

Obsérvate constantemente

Es importante que empieces a relacionarte con tu hijo a partir de bases nuevas que te conducirán a actuar desde el amor. Por eso, hazte el propósito de detectar cualquier manifestación de sufrimiento que aparezca en tu trato hacia él. Imagina que te persigue una enfermedad imprevista, pero que puede ser curada si te atiendes enseguida. Si en algún momento vuelves a reaccionar desde tus heridas, repite constantemente:

Quiero expresar a mi hijo mi inmenso amor por él.
Estoy trabajando en mí para que ese amor siempre esté presente.
*Estoy aprendiendo a reaccionar de manera distinta y voy a
lograrlo.*

Vigila tus juicios

Si descubres que estás juzgando, si haces comentarios negativos acerca de tu hijo, toma en cuenta que cuanto piensas es fabricado por tu mente y lo recomendable es aprender de puntos de vista diferentes a los tuyos.

No etiquetes

Hazte el firme propósito de no poner «etiquetas». Si de pronto lo olvidas, reinicia el argumento de la película. Si te sorprendes reaccionando de una manera que no te agrada, evita etiquetarte con calificativos: «Soy enojón», «soy impaciente» o «soy incapaz, no puedo hacerlo». Mejor utiliza frases como: «Empezaron los gritos», «surgió la ira en mí», «confío en que puedo», «me gusta actuar con amor», «quiero aprender a abrazar», «estoy aprendiendo un nuevo camino».

Practica la compasión

Es un hecho que tu hijo sufre cuando tú y él están disgustados. Proponte entonces mirar la situación desde su perspectiva. Ten en mente que él piensa que podrían estar bien si así lo quisieras y que, si para ti es difícil ponerte en su lugar, para él ponerse en el tuyo resulta mucho más difícil.

Muestra agradecimiento y bondad

Hazte el propósito de agradecer a tu hijo su cariño hacia ti. Él quiere estar bien contigo y te brinda la oportunidad de que le ayudes a confiar en ti, aunque tal vez lo hayas herido previamente. Por lo mismo, sé bondadoso con él.

No te justifiques

Por ningún motivo defiendas una actitud que haya causado sufrimiento, aprende a detenerte, a no buscar culpables, y a no dar excusas innecesarias para explicar tu conducta. Si cometiste un error, si volviste a gritar o a perder el control de tus emociones, reconócelo de inmediato y vuelve a empezar.

PASOS HACIA LA SOLUCIÓN

Para aprovechar lo aprendido en este capítulo y ponerlo en práctica, te invito a dar los siguientes pasos.

Reflexión

Me muevo desde la conciencia y desde aquí tomo mis decisiones. Miro mi interior y descubro una nueva visión de mí.

Qué hacer

¿Quieres entrar de lleno a actuar desde el amor hacia tu hijo? Decídete a hacer lo que aquí te propongo:

- En vez de criticarlo, ayúdalo a conseguirlo.
- En vez de humillarlo, fortalécelo.
- En vez de rechazarlo, abrázalo.
- En vez de juzgar, compréndelo.
- En vez de enojarte, practica la compasión.
- En vez de dudar, muéstrale que confías en él.
- Elige ser el padre cariñoso y empático que tanta falta te hizo a ti y pon manos a la obra.

- Elige y decídete a actuar desde tu corazón.

Considera cada una de estas actitudes y plantea para ti las maneras en que lograrás darles el giro propuesto. Programa una revisión constante de tus logros a este respecto.

Afirmaciones de amor

- ✓ Actúo llevado por el amor y eso me permite adoptar una nueva actitud.
- ✓ Elijo relacionarme con palabras amables y actitudes afectuosas.
- ✓ Me propongo compartir con mi hijo una vida en la que mi conciencia dirija mis decisiones, y el amor dirija mis actos.

Reto para hoy

Para aprender a reaccionar en forma diferente a como lo he hecho hasta ahora, me propongo imaginar alguna situación problemática. Imaginar que la resuelvo desde el amor. Que busco alternativas que refuercen la relación, en vez de ideas y palabras que nos separen. Que muestro atención y respeto hacia mi hijo. Tomo nota y lo pondré en práctica tan pronto pueda.

Conclusión

El ahora es el único lugar en el que puedo amar y estar en paz.
Desde ahí me permito crear una nueva perspectiva que me lleve
a actuar con amor.

* * *

Como vimos, no actuamos del mismo modo cuando el amor nos guía. Por eso necesitamos dejar el miedo atrás y abrazarnos al amor. Él nos conducirá por una senda nueva, llena de luz y alegría. Ser guiados por el amor siempre nos llevará a la paz, a la plenitud, a sentirnos serenos y confiados. Sin dudas sobre cuánto hemos dado a nuestro hijo. Te invito a que, al leer el siguiente capítulo, pongas tu mano en tu corazón y te hagas la promesa de que ya nada podrá impedir que actúes desde el amor.

Capítulo 13

Actuar desde el amor

Actúo desde el amor cuando no permito al miedo gobernarme.

DUDAS QUE INQUIETAN

Actuar desde el amor es la meta más importante que podemos fijarnos. Por supuesto, no es fácil. Cuestionarnos y encontrar las respuestas a nuestros cuestionamientos será muy útil para conseguir eso que anhelamos.

Te invito a plantearte las siguientes preguntas y a responderlas desde el corazón. En seguida podrás ver cómo actuar para allanar el camino hacia el amor.

- ¿Qué haría si no fuera dominado por el miedo?
- ¿Cómo sería mi vida y la relación con mi hijo?
- ¿Qué tipo de padre o madre sería?
- ¿En qué forma mis heridas impiden que actúe desde el amor?
- ¿Qué haría si fuera libre de ellas; si pudiera despojarme de cuanto ha perjudicado la relación con mi hijo?

◆ ¿Qué haría para evitar que el dolor continúe separándonos? ¿Cómo me deshago de ese dolor?

◆ ¿Qué debo hacer para ofrecer amor incondicional a mi hijo y a mí?

◆ ¿Por qué amarme a mí mismo facilita que sea empático, que escuche y ame a los demás?

◆ ¿Cómo puedo amarme a mí mismo?

Cómo actuar desde el amor

Hemos visto que gran parte de las dificultades que prevalecen entre hijos y padres surgen por la carga que llevamos en nuestro interior. Ahora sientes que debes asegurarte de no seguir distanciados. Quieres evitar reaccionar condicionado por tus heridas, aunque sabes que primero tendrás que detectar cuándo lo haces. Quieres aprender a amar, a tener un corazón generoso y una mente en calma, aun en los momentos en que el dolor aparezca y apremie.

Las siguientes son siete acciones vitales para poner en práctica en la etapa del arranque:

1. Practica una manera diferente de reaccionar. De conectar con la parte amorosa de tu ser y permitir que el amor sea tu guía, no el sufrimiento. Tras haber detectado hacia dónde te lleva el miedo si le permites tomar el control, déjate ahora conducir por tu conciencia.

2. Insisto, cuando enfrentes momentos en los que aparezcan tus heridas, no pretendas demostrar que tienes razón ni convencer a tu hijo de que está equivocado. Haz un alto de inmediato, si es necesario, pide disculpas, confía en ti y comienza de nuevo a dialogar con amor.

3. Lucha por lograr que entre los dos haya una corriente de comprensión que los mantenga unidos. Eso les ayudará a adquirir

fuerza. Tu hijo ya no rogará por recibir amor ni aprobación, pues será capaz de respetarse a sí mismo, en tanto que tú sabrás comunicar y expandir el amor que está en ti.

4. Motívate con la alegría que manifiesta tu hijo por tener esta nueva relación contigo. Con el deseo de enriquecer su vida y de que el hecho de ser su padre enriquezca tu vida. De que ambos salgan beneficiados por el amor que comparten.

5. Procura que las heridas mutuas no te inquieten ni te obliguen a reaccionar de modo ajeno a tus deseos. Practícalo, tu hijo lo verá y valorará. Sigue tu anhelo de que todo el esfuerzo que haces contribuya a que tu hijo sea libre y feliz.

6. Revisa la forma en que te conduces, permite que te guíen el amor y la compasión para que se conviertan en tu primera elección al momento de reaccionar.

7. Siempre ten presente que no se trata de exigir a tu hijo que cambie ni de que cambies tú. Se trata solamente de que con tu corazón generoso procures reaccionar en la forma en que comunicas amor.

La clave es dar en vez de exigir

Para lograr estas acciones vitales, siempre que tengas algún conflicto con tu hijo, ten en mente que tu prioridad es el amor entre ustedes. Por eso, contén tus emociones envueltas en expectativas y necesidades, mira a tu hijo y piensa de qué manera puedes hacerlo sentir amado, apreciado, comprendido y apoyado. Elige hacer esto tú por él, en vez de exigirle hacer algo para que tú te sientas bien.

Déjate guiar por el amor

Comunica ese estado de alegría, paz, valoración, agradecimiento y esperanza a tus hijos por igual, sin distinciones. Apoya a tu hijo más necesitado mientras impulsas al que está abriendo sus alas. Un padre que aprende a amar, ama siempre, de la misma forma y con la misma entrega a sus hijos. Cuida que nada se interponga entre la comunicación y el cariño hacia tu hijo.

Hoy sabemos que solo a través del amor podemos conectar con nuestro hijo, de modo que nos aseguramos de tener listas grandes dosis de cariño y apoyo para cuando los necesite. Evitamos tener expectativas respecto a él y menos aún lo obligamos a complacernos. Nuestro lenguaje corporal es abierto y cariñoso, mostrando alegría ante su compañía. Le brindamos confianza en sí mismo haciéndole comentarios frecuentes sobre todas las cualidades que detectamos en él.

Sabrás que te guía el amor cuando:

◆ Se acaben los arranques de ira, las palabras hirientes, la desaprobación, los reproches y las expectativas, y optes por escuchar con verdadero interés.

◆ Elijas encontrar soluciones y mostrar empatía a tu hijo en vez de pretender ganar en las discusiones con él.

◆ Observes quién es tu hijo con el objetivo de amarlo, no de destruirlo ni menospreciarlo.

◆ Tiendas puentes de cariño y le permitas acercarse a ti.

◆ Sientas inmensa alegría y agradecimiento por su vida.

Respira

Respira con tranquilidad, siente el amor en tu interior. Trata de familiarizar tu mente con estas ideas nuevas pero necesarias. Siente cómo tu cuerpo se relaja cuando actúas en forma diferente: ya no estás tenso, ansioso, listo para atacar o defenderte. Ahora te preparas para dejar que el amor guíe tu vida.

Actúa impulsado por el amor

Hemos hablado ya de la importancia de actuar desde el amor, ahora veamos qué implica esto:

- ✓ Distinguir la diferencia entre escuchar desde el miedo y escuchar sin criticar o corregir, alentando a expresarse en libertad y confianza.
- ✓ Recordar que no hay necesidad de controlar ni de defenderse.
- ✓ Reconocer que nada malo hay en él. No juzgar la vida de ese hijo desde las expectativas no cumplidas, sino amándolo tal como es.
- ✓ Reaccionar con calma eligiendo sembrar amor propio en su corazón.

Aprende un poco cada día

Cuando vemos cada día como un aprendizaje, no nos sentimos vulnerables ante los retos por enfrentar. Los vemos como una oportunidad de fortalecer nuestro carácter, de enseñarnos a ser justos. Ya no tenemos que complacer a nadie, ni tampoco mantener una imagen para agradar o satisfacer expectativas. Al amarnos, permitimos que nuestro hijo aprenda a amarse a sí mismo y le enseñamos a ser feliz.

Practica sin tregua

Levántate con el firme propósito de practicar estos principios. Proponte hacerlo a diario, empezar una y otra vez, no cansarte de intentarlo. Dedica unos minutos al día a repasar cuanto te has propuesto. Puede servirte recordar algunas situaciones que se hayan complicado, pero ahora con el propósito de resolverlas desde el amor. Imagina que hablas con tu hijo en forma diferente, con disposición a dialogar sin alterarte, manteniendo firme tu propósito de ser respetuoso con él.

El siguiente cuadro contiene ideas de gran valor que te ayudarán a lograr la meta de actuar desde el amor.

Algunas ideas para recordar y practicar

Evita ser influenciado por la creencia de que tu hijo quiere manipularte o hacerte daño. Mantén bajo control tus pensamientos y emociones, en eso radica tu fuerza y capacidad de dar amor.	Si sientes que el que viven no es el momento adecuado —que vas a estallar o harás algún comentario hiriente—, reconócelo, ofrece disculpas y aléjate. Pero no evadas la conversación una y otra vez, pues mostrarías desinterés.
No intentes demostrar a tu hijo que él es quien tiene que cambiar. No creas que por ser su padre o madre eres infalible.	Toma en cuenta que tú también te has equivocado y que, al igual que él, necesitas sentirte amado. Por eso, actúa llevado por el amor, en vez de dominar a tu hijo.
Cuando dudes de qué camino elegir, practica la empatía, ponte de su parte, escucha su punto de vista, defiéndelo incluso de sí mismo.	Defiende el derecho de tu hijo a manifestar su opinión sin ser juzgado. Empieza por comprometerte a ser comprensivo y afable. A hablar siempre con amabilidad.

Cuida no avergonzarlo cuando muestre sus sentimientos de enojo. Dile que suelen surgir cuando se ha perdido la comunicación, pero que tú estás ahí para volver al amor.	Exígete cultivar en tu interior valores como la paciencia, el respeto y la justicia. No justifiques ni te permitas, bajo ninguna circunstancia, reaccionar de otra manera que no sea con amor.
Hazte el firme propósito de jamás faltarle al respeto, de nunca insultarlo ni decirle palabras ofensivas. Para ello imagina que sostienen un diálogo atento y amable, el cual podrás practicar después, en las circunstancias más difíciles.	Si pierdes el control, vuelve a intentarlo una vez más, hasta que logres mantenerte sereno. Tu hijo valorará el esfuerzo que haces y cada día confiará más en ti.
Sé consciente de que tanto tu tono de voz como tus expresiones transmiten un lenguaje; evita comunicar aquello que pueda volver a distanciarlos.	Evita agredirlo, detén cualquier manifestación de violencia de tu parte. Sin importar lo que haga, jamás respondas con agresión. No le enseñes que los problemas se arreglan a golpes.
Si te pide un momento o te dice que no es la ocasión de hablar o tiene alguna actividad pendiente, retírate; no impongas una conversación solo porque tú quieres. Respeta los tiempos de tu hijo.	No hay razón para mantener el resentimiento en tu interior y no busques excusas para seguir ofendido. Elige no aferrarte a lo que crees que debería ser.

Observa si lo dejas de escuchar por estar pensando en qué contestarle, por aguardar con impaciencia para interrumpirlo, para defenderte, para contradecirlo. Detecta para qué lo haces, esto te servirá mucho para conocerte.	Aunque no las consideres necesarias, aprende técnicas para el control de los impulsos y para manejar la frustración, incluso los eventos de ira. Eso te dará la oportunidad de mantener la calma.
Si le cuesta controlar su emoción, háblale con tranquilidad, amor y respeto, no para demostrarle su debilidad. Cuando muestra su herida, más amor necesita de ti.	Detente si te sorprendes buscando razones para enojarte con él. No lo amenaces. Para no volver a transmitir miedo, opta por hacerle sentirse amado.
No te permitas dudar del amor de tu hijo hacia ti. Mantén siempre presente que ante las desavenencias él sufre tanto o más que tú, y anhela que estén bien y en paz.	Detecta si empiezas a pelear mentalmente con él, si imaginas qué decirle y cómo ganarle. Frena de inmediato ese impulso y busca palabras para hablarle con amor.

PASOS HACIA LA SOLUCIÓN

Para aprovechar lo aprendido en este capítulo y ponerlo en práctica, te invito a dar los siguientes pasos.

Reflexión

Humildad es comprender que, aunque sea fácil culpar a nuestro hijo de las actitudes hacia él, somos los padres quienes elegimos cómo nos vamos a comportar.

Qué hacer

Las siguientes son actividades muy útiles para mantener la calma:

- Salir a caminar.
- Contar tu respiración.
- Beber un vaso de agua con lentitud.
- Dar un abrazo prolongado.
- Recordar algo gracioso.
- Decir: «Te amo».
- Repetir que no necesitas ser perfecto.
- Recordar que tu hijo te ama y tú a él también.

Afirmaciones de amor

- ✓ Hoy me comprometo a iniciar el proceso de sanar la relación, a actuar como un padre nuevo, como una madre renovada.
- ✓ Si un camino no funciona, encontraré otro; nada podrá detenerme o desanimarme.
- ✓ En el firme propósito de mostrarle mi amor a mi hijo, el fracaso no existe.

Reto para hoy

No dudaré en abrazar a mi hijo, en acercarme a él. En repetir que lo amo y que tal vez no conozca la solución, pero que debe tener la seguridad de que la encontraré. Le pediré que crea en mí y cumpliré mi palabra.

Conclusión

La verdadera manera de relacionarme con mi hijo es
a través del amor.
El amor que surge de mí y se manifiesta en mi hijo
lo conquistará todo.

* * *

Atrás han quedado ya muchas dudas e inseguridades. Ahora es el momento de actuar desde una base nueva. Aquí no hay lugar para el orgullo y la arrogancia. Dejemos que el perdón, la perseverancia y la generosidad sean los pilares sobre los cuales construiremos una nueva relación con nuestro hijo. Por ello, te invito a dar gracias desde el fondo de tu corazón por el valor que has mostrado leyendo hasta aquí, manteniendo tu amor por tu hijo como el impulso que te lleva a sanar y amar. Ahora es momento de la reconciliación.

Parte 5

Reconciliación

*El camino para la reconciliación empieza
cuando podemos pedir perdón.*

Capítulo 14

Perdón

Escucha a tu hijo, en ocasiones es necesario pedir perdón
por lo que él manifiesta y no por lo que tú supones.

CARTA A MI HIJO

Hijo mío, hoy, con humildad ante ti, reconozco que me he equivocado.

Perdóname:

Por no hacerte sentir amado.

Por imponerte mis ideas y exigirte cumplir mis expectativas en vez de respetar tu ser.

Por depositar en ti mis heridas, por culparte de mi dolor.

Por lastimar el amor que tú sientes por mí.

Por causar que perdieras la esperanza de ser amado por mí.

Por anteponer mis necesidades emocionales sobre las tuyas.

Por exigirte amarme y comprenderme como yo no podía hacerlo por ti.

Por cubrir tu luz con mis heridas y condenarte a vivir en el dolor.

Por no dejarte ver lo maravilloso que eres y la alegría que has traído a mi vida.

Por negarme a descubrir la presencia del Amor Divino en tu corazón.

Hoy camino hacia el perdón por no haber sido el padre que me hubiera gustado ser. De la mano de la esperanza, confío en que en tu corazón aún hay un espacio para que me permitas demostrarte mi amor.

¿Cómo enseñar a nuestros hijos a perdonar lo que consideramos nuestros errores si no hemos podido perdonarnos a nosotros mismos?

¿POR QUÉ PEDIR PERDÓN?

Es posible que un padre comprenda que dijo o hizo algo inadecuado y luego se arrepienta. El problema es que pocas veces los padres acuden a su hijo para reconocer haberlo herido. Al no mostrar arrepentimiento, al hijo le será mucho más difícil soltar aquello que lo hirió. Los sentimientos de rechazo y enojo hacia su padre le harán sentirse mal consigo mismo. Luego tendrá una confrontación en su interior en la que se obligará a reconocer que su padre no es tan buena persona como imaginaba que era. La posibilidad de perdonar y sanar desaparecerá.

Las siguientes son actitudes de un padre que comprende lo que es el perdón:

✓ Un padre que comprende cómo se transmite el sufrimiento no exige que su hijo le pida perdón cuando sabe que fue él quien hirió. Tampoco pretende que lo busque cuando se ha alejado ni que le ruegue cuando ha humillado. Se niega a que su hijo viva suplicando cariño.

✓ Un padre que anhela sembrar amor reconoce que su hijo merece ser amado con dignidad y está dispuesto a pedir perdón y enmendar su actitud para demostrárselo.

✓ Un padre que avanza hacia la paz jamás creerá que los padres no piden perdón a sus hijos por haberlos lastimado. Sabe que para perdonarse a sí mismo, necesita pedir perdón por el dolor que provocó.

✓ Un padre que quiere sanar se perdona a sí mismo por no haber sido perfecto. En su camino a aprender a amar, reconoce con humildad que nunca lo ha sabido todo, pero eso no disminuyó su valor de padre ni evitó que fuera digno de ser amado.

RECOMENDACIONES PARA BUSCAR EL PERDÓN

Avanza hacia el perdón

Tu historia merece ser recordada desde una perspectiva de perdón, sin juzgar lo que pudo haber sido y no fue. Aceptando con humildad que la vida está compuesta de diferentes experiencias para así recordar el pasado sin rencor ni temor. Respetando a quien fuiste, sin esos reproches que no mejoran la relación con tu hijo ni te dan confianza en ti. El perdón requiere que te ames completo, mirando con compasión incluso lo que te gustaría haber evitado.

No permitas que el miedo te impida pedir perdón

El miedo hace que los padres se pregunten por qué tienen que pedir perdón a su hijo, por qué les corresponde hacer las paces con él.

Cuando son impulsados por el miedo, los padres:

- Se niegan a pedir perdón, convencidos de tener siempre la razón, sin importar si con esta actitud destruyen la poca esperanza que su hijo aún tenía. Suponen que de esa manera dan una imagen de mayor fuerza cuando en realidad muestran altivez.

- No piden perdón a su hijo porque suponen que mostrarse cercanos y humildes los rebaja cuando lo cierto es lo contrario: pedir perdón engrandece.

- No piden perdón porque eligen sentir que ellos son los ofendidos. Con esto anulan los sentimientos de su hijo y aumentan la distancia con él.

- Se niegan a reconocer que su actitud causó pesar en su hijo, asumen que los padres no se equivocan y actuaron «por su bien». Esta idea tan solo aumenta la decepción.

- Se niegan a pedir perdón porque durante generaciones han escuchado que a ellos no se les juzga y, por consiguiente, jamás deben pedir perdón. La consecuencia de tal creencia es la pérdida total del hijo ofendido.

- Eligen actuar con soberbia en vez de elegir ser humildes, con lo que perpetúan la violencia en su familia durante varias generaciones.

En este caso es muy recomendable decidir, por amor a tu hijo y a ti mismo, que ha llegado el momento de dejar atrás estas ideas arcaicas.

Aprende a decir: «Lo siento»

No es igual decir: «Lo siento» por culpa que por arrepentimiento. Pedimos perdón porque estamos dispuestos a cambiar nuestra actitud para elegir actuar con amor. Esa es la razón por la que pedir perdón funciona, porque tu hijo ve que actúas diferente y eso renueva su esperanza. En cambio, cuando sentimos culpa y no somos sinceros, pedimos perdón solo para que él se haga cargo de nuestro malestar; es una forma de manipularlo para que siga tolerando faltas de respeto. Pedir perdón sin conciencia resulta falso y egoísta. Por lo mismo, asegúrate de que en tu corazón haya verdadera comprensión y arrepentimiento por el sufrimiento que ocasionaste. De no ser así, lo único que conseguirás será aumentar el resentimiento de tu hijo hacia ti y decepcionarlo de manera definitiva.

Demuestra tu amor pidiendo perdón

Si bien pedir perdón no es fácil, la fuerza se obtiene cuando el padre y la madre comprenden que el amor que sienten por su hijo es más grande que su miedo, y que la relación cariñosa con él es más importante que defender sus heridas.

Actuar desde el amor te brinda sensibilidad para comprender las heridas de tu hijo y la forma en que pudiste influir en ellas. Quizá hoy tu hijo dijo que lo rechazaste, pero no fue así. Sin embargo, tal vez sí lo hayas hecho ayer y hoy apareció su herida por ese rechazo. Pedir perdón allana el camino para volver al amor para que tu hijo comprenda que aún hay esperanza, que todo va a estar bien.

Prepárate para el perdón

Nos preparamos para el perdón dejando de evadir la responsabilidad de nuestros actos y optando por reconocerlos con humildad. Abrimos nuestro corazón desarrollando empatía por si alguna herida se atraviesa en la paz que queremos ofrecer. Sin negar el pasado o alegar que las cosas ocurrieron de manera distinta, enfocados en aprender y sanar. Y, si surgiera de nuevo el miedo, volvemos al presente, al ahora.

Siempre es posible comenzar de nuevo. Por eso, nos abrimos a nuevas posibilidades, a actos diferentes, a un futuro pleno. Permitimos al amor dictar las palabras adecuadas al pedir perdón. Abrazamos a nuestro hijo con sinceridad, de corazón a corazón, uniendo nuestra alma con la suya, mientras sentimos la fuerza del amor que viaja a través de nuestro espíritu hacia él.

Decídete y pide perdón

Pedir perdón significa que buscas una nueva oportunidad de acercar sus corazones, pero ahora desde una base diferente. Si lo deseas, imagina antes que sostienes esta conversación con tu hijo. Planea hablar con él en calma, revisando tus palabras y tus actitudes. Hazte el firme propósito de no mostrar disgusto o molestia si tu hijo no reacciona como esperabas. Muéstrate sereno, respeta sus respuestas y reafirma tu amor por él.

La conversación

Ahora ya estás preparado. Toma tu decisión y comienza el diálogo con tu hijo frente a ti.

Recomendaciones

- ✧ Reconoce que has causado sufrimiento.
- ✧ Expresa lo mucho que te duele haberlo herido.
- ✧ No alegues que buscabas su bienestar.
- ✧ Muestra que entiendes su dolor.
- ✧ Pide perdón por tus actos.
- ✧ Sé sincero.
- ✧ Expresa tu arrepentimiento por causarle sufrimiento de cualquier manera que lo hayas hecho.

✧ No hables de su reacción a tus actos ni lo acuses de haberte lastimado también.

✧ Reconoce su derecho a no querer estar cerca de ti y a no desear solucionar el asunto.

✧ Pídele una oportunidad para demostrarle la sinceridad de tus sentimientos.

✧ Nunca, bajo ninguna circunstancia, justifiques el haberlo lastimado.

✧ Jamás lo culpes de merecer tu actitud o de que él lo provocó.

✧ No lo manipules mientras pides perdón.

✧ Mantén el control de tus emociones y cuida el tono y el volumen de tu voz.

✧ Asegúrate de que sepa que es el amor lo que te impulsa ahora.

✧ Manifiesta tu intención de ya no causar dolor ni distanciamiento entre ustedes.

PASOS HACIA LA SOLUCIÓN

Para aprovechar lo aprendido en este capítulo y ponerlo en práctica, te invito a dar los siguientes pasos.

Reflexión

No se trata de pedir constantemente perdón y seguir repitiendo las mismas actitudes. Se trata de sanar de raíz la causa del sufrimiento.

Qué hacer

Para lograr tu propósito, toma en cuenta las siguientes sugerencias.

Puntos por comprender que te darán fuerza

- No todo lo hiciste perfecto, ya que no lo sabes todo.
- Eres más fuerte cuando asumes tu responsabilidad.
- Eres un ser humano frente a otro ser humano.
- Eres responsable de cuanto recibió de ti.

Frases que pueden ayudarte

- Lamento mi comportamiento.
- Me duele mucho estar distanciados, ¿podrías darme otra oportunidad?
- Comprendo que te causé dolor, ¿qué puedo hacer ahora?
- Me importas mucho, quiero estar bien contigo.
- Respeto lo que me dices, quiero comprender bien y remediar lo que sea necesario.
- Respeto quién eres y cómo eres.
- Haré lo que esté de mi parte para sanar la relación.
- Quiero ser un mejor padre, una mejor madre y no causar más dolor.
- Quiero estar bien contigo.

Hábitos que te ayudarán a actuar desde el amor

- ✧ Reconoce tu herida cada vez que sientas molestia, enojo o dolor.
- ✧ Reconoce la forma en que tu hijo te proyecta esta herida para que no vuelvas a acusarlo de haber sido el causante.

✧ Elige reaccionar diferente a como lo hacías antes.

✧ Intenta demostrar con frecuencia a tu hijo tu amor, escúchalo y apóyalo con ilusión por verlo ser feliz y lograr sus sueños.

✧ Si vuelves a detectar miedo en ti, recuerda los ejercicios que te ayudarán a sanar tus heridas. Háblate a ti mismo con amor, nunca te abandones.

Actitudes y acciones para avanzar al perdón

❖ Comprométete contigo a pedir perdón a tu hijo. Toma en cuenta que ser humilde y aceptar los errores cometidos es la forma más sincera de mostrar un verdadero espíritu de enmienda.

❖ Comprende que los padres tomamos decisiones a través de nuestras heridas. Reconocerlo te permitirá ser amoroso y empático contigo, con tu hijo y con cualquier historia que hayas escrito. Asume la responsabilidad por ese pasado, sin negarlo ni minimizarlo.

❖ Sé valiente para admitir que causaste dolor y prepárate para no hacerlo de nuevo. Separa tus heridas de las actitudes de tu hijo, mira ya sin esa venda que te ocasiona el sufrimiento y no te deja avanzar hacia el perdón.

❖ Disponte a perdonarte, así será más sencillo mostrar tu arrepentimiento a tu hijo. Sé sincero con él y demuéstrale tu dolor por haberlo herido. Solo así podrás pedir perdón con honestidad. Este arrepentimiento te transformará y hará de ti un ser distinto, alguien que anhela que el amor dirija su vida.

❖ Cuando llegue el momento de hablar con tu hijo, acepta con sinceridad lo ocurrido. No tiene caso negar tus actos ni restarles importancia. Deja ir aquello que te frena. Aceptar la responsabilidad de tus actos implica avanzar hacia el amor, sin buscar culpables y sin repartir culpas a quien no le corresponden.

❖ Una vez que hayas pedido perdón, evita por todos los medios volver a reaccionar a través de tus heridas, pues tu hijo esperará un verdadero cambio en ti. Condúcete siempre guiado por el amor.

❖ Si alguna vez caes en un comportamiento que no deseas, reconócelo en cuanto te sea posible y vuelve al amor.

Afirmaciones de amor

✓ Para sanar hoy, estoy dispuesto a amarme con todas mis heridas.

✓ Nada puede borrar lo que viví en el pasado, pero se puede perdonar, se puede sanar, se puede estar bien.

✓ Estoy dispuesto a perdonar y ser perdonado.

✓ Estoy dispuesto a pedir perdón por amor a mí.

Reto para hoy

Pedir perdón es un acto de amor y humildad. Me propongo hacerlo de manera natural y honesta, lo cual propiciará que mi hijo aprenda a perdonar y a perdonarse.

Conclusión

Ahora eres consciente y tienes la oportunidad de elegir actuar desde el amor para obtener la relación de confianza y cariño que anhelas mantener con él. Esto es porque, cuando avivas el amor entre ustedes, dejas atrás el dolor del pasado, y ambos se mueven hacia la reconciliación y el perdón.

* * *

Sí, quizás aprender a pedir perdón ha sido difícil, pero, como has visto, valió la pena. Sonríe para ti mismo, aplaude tu empeño en seguir adelante. A continuación, hablaremos de la perseverancia, misma que será tu eterna compañera y no te dejará claudicar cuando se presenten situaciones difíciles de manejar o conflictos inesperados. Mantén tu perseverancia presente y todo saldrá bien.

Capítulo 15

Perseverancia

Desde la humildad, no lo presiones,
dale la oportunidad de querer estar en paz contigo.

QUÉ HACER SI TU HIJO NO CREE QUE QUIERES CAMBIAR

Un hijo requiere tiempo para comprender que nuestro cambio de actitud hacia él es real. Se muestra desconfiado, pues ha aprendido que en ocasiones nosotros no somos confiables. Muchos padres dicen que su hijo no se deja abrazar y han renunciado a hacerlo; sin embargo, si no insistimos en demostrarle nuestro amor, si nos damos por derrotados enseguida, nuestro hijo nunca podrá derribar esa barrera. En realidad, esa barrera es una protección que desarrolló ante el temor de que pudiéramos herirlo. El hecho de que hoy se niegue a confiar no significa que no cederá en algún momento a hacer las paces. No es válido descorazonarnos ante el primer rechazo y convencernos de que ya lo intentamos y no pudimos razonar con él. Tal postura solo mostraría la poca solidez de nuestro cariño, nuestra falta de compromiso para volver al amor y nuestra escasa responsabilidad para alcanzar la sanación. Es preciso prepararnos para aceptar que nuestro hijo probablemente no cederá de inmediato; sin embargo, si persistimos, si somos amorosos y lo recibimos en nuestro corazón, pronto veremos que él recupera la esperanza de ser amado.

RECOMENDACIONES PARA CONDUCIRTE CON PERSEVERANCIA

Confía en ti

Comprende si las heridas de tu hijo provocan que desconfíe de ti. Si esto sucede, no será sencillo convencerlo de tu cambio. Si te apoyas en la seguridad de tu amor, podrás avanzar hacia el acercamiento. Quizá tu hijo se muestre incrédulo e indiferente ante tus propósitos, quizá incluso dude de tus sentimientos, pero el verdadero logro empieza al salir avante de este reto con la seguridad de que el amor será más fuerte que su desconfianza y su rechazo.

Sé constante

Aunque en ocasiones creas que no será posible volver al amor, no suspendas tu esfuerzo por estar bien, no te desanimes. Tampoco te conformes con menos de lo que tú y tu hijo merecen. Mantén en claro que tu objetivo es sanar la relación, no ganar las discusiones. No abandones este propósito ni te sientas frustrado si vuelven a aparecer las heridas entre ustedes. Sigue trabajando en resolver la situación, recordando revisar constantemente lo que ocurre en tu interior.

Alégrate con tus pequeños logros

Procura felicitarte cada día por los pasos que das, no hagas juicios al respecto ni des por hecho que son pequeños. Más bien, toma en cuenta que, si no eres gentil contigo, no podrás serlo con nadie, mucho menos con tu hijo. Por consiguiente, desde hoy cada paso que des será fundamental porque reducirá el camino por recorrer hacia tu meta. No te desanimes si vuelves a caer, solo recuerda regresar al amor.

Reconoce tus límites

Es posible que, ocasionalmente, tu hijo sienta que sus padres deben solucionar sus conflictos y exija lo que no tienen la capacidad de dar. Si esto sucede, es preciso que actúes con humildad y reconozcas ante él tus propios límites. Si tu hijo logra ser empático con sus padres, esto redundará en su propio bien. De ahí la importancia de reconocer tus heridas para que no ofrezcas lo que aún no puedes dar y para que no te exijas si de pronto sientes impotencia o ignoras qué hacer. El paso que lleves debe ser sostenido, sin causar más presión. En la medida en que te ames y te entiendas, podrás ofrecer lo mismo a tu hijo, y serás capaz de amar y comprender también.

Sé firme

Acepta que tal vez tu hijo no responda a tu cariño y a tus propósitos de cambio con la rapidez que quisieras. Acaso tus nuevos actos y tus actitudes amables y cariñosas no lo animen a estar en paz contigo. Eso está bien para él, quien tiene derecho a llevar en su corazón los sentimientos que él decida. Incluso puede decidir alejarse también. Si eso ocurre, comprende que en ocasiones le será necesario poner distancia para que pueda ver la situación desde una perspectiva diferente. Considera que el cambio se ha realizado en ti y que únicamente el mantener una actitud de respeto constante puede derribar barreras y transmitir paz. Sin importar cuanto tu hijo te diga o haga, sé firme y respétalo.

Practica la paciencia

Si en ciertas ocasiones sientes que tu esfuerzo es inútil, si te gana el desánimo o el desaliento, recuerda que practicar la paciencia dará a tu hijo la oportunidad de comprobar que cuanto afirmas y haces va en serio. Intenta no dejarte llevar por los pensamientos que te dicen que desistas y, si aparecen, enfréntalos y hazlos a un lado recordando que no todo depende de ti. Que solo tu fortaleza para permanecer firme ayudará a tu hijo a acercarse. Los cambios suelen ser paulatinos y prolongados, pero con ellos se consiguen avances genuinos y fuertes. Hay que dar espacio para que tu hijo crea en la veracidad de tus palabras y vuelva a confiar en ti. No te permitas desistir, deja que todo se acomode en el tiempo que tenga que ser.

Suelta

Si ya hiciste cuanto te ha sido posible, si intentaste mejorar la relación, si te esforzaste por no rechazar ni criticar a tu hijo, si estás convencido de haber sido respetuoso y aun así no lograste un acercamiento entre ustedes, también llega el momento de soltar. De dejar que tu hijo vuele con sus propias alas. De que se dedique a vivir en la forma que juzgue conveniente. Algunas veces los hijos deciden vivir distanciados y ante esto, poco puede hacerse. Si el tuyo ha tomado esa decisión, no hay más que seguirle ofreciendo amor y confiar en que él encontrará su camino para sanar. Sin críticas ni agresiones, sin tener expectativas o reclamos, tan solo respetando, actuando siempre con firmeza desde el amor, sin claudicar.

Y, si es posible y tu hijo lo permite, encontrar la oportunidad de demostrarlo.

Respeta

Supongamos que, después de cuanto has hecho por sanar, tu hijo manifiesta con claridad que no tiene interés en retomar la relación contigo. Será este el momento de preguntarte seriamente por qué. Para los hijos que se inclinan por esta opción, el sufrimiento ocasionado por sus padres requiere el distanciamiento definitivo. Su única manera de sanar el dolor es mantenerlos fuera de su vida. Si tu hijo toma esa decisión, evita rechazarlo o criticarlo por la decisión tomada, pues eso lo convencerá definitivamente de alejarse de ti.

No hay forma de obligar a un hijo a acercarse, lo único que queda es respetar su decisión. Si ese es tu caso, te sugiero que no pierdas la fe en ti. Continúa trabajando en volver al amor. La vida puede brindarte muchas oportunidades y tú quieres estar preparado para cuando lleguen. Mientras tanto, cultiva tu interior para alcanzar la paz y el perdón.

PASOS HACIA LA SOLUCIÓN

Para aprovechar lo aprendido en este capítulo y ponerlo en práctica, te invito a dar los siguientes pasos.

Reflexión

Hijo, acepto con amor que estés enojado conmigo. Eres dueño de tu vida y de cuanto hay en tu corazón. Te respeto y seguiré aquí presente con todo mi amor para ti.

Afirmaciones de amor

- ✓ No importa cuán difícil parezca la situación, cada día es una oportunidad para que tome una decisión distinta y haga algo nuevo.
- ✓ Para un padre que ama, siempre habrá una oportunidad que lleve al amor. Quizá hoy no la conozca, pero sé que existe y por ello la buscaré hasta encontrarla.
- ✓ Decido ser firme, paciente y respetuoso. Mi hijo puede venir a mí cuando guste y siempre me encontrará dispuesto a demostrarle mi amor.

Reto para hoy

Aceptar que mi hijo esté enojado puede ser un gran paso hacia mi crecimiento personal. Desde el amor, acepto que tiene derecho a estar enojado conmigo y a no entrar en conflicto por ello. Sin rechazos y sin esperar que cambie.

Conclusión

Qué alegría agradecer con conciencia a mi hijo su presencia,
su vida.

* * *

Hoy quiero felicitarte por llegar hasta aquí porque, a pesar de los desafíos, has continuado adelante. Sé que el amor hacia tu hijo está más presente que nunca, y que en tu hogar empieza a sentirse un ambiente de paz, cariño y comprensión que lo inunda todo. Te invito a conocer ahora todo lo que puede lograr la generosidad que hay en tu corazón.

Capítulo 16

Generosidad

El amor siempre empieza por uno mismo.

Un corazón generoso siempre avanza hacia el amor. Late en el padre que evita autoenjuiciarse y criticarse, y, en vez de ello, elige amarse y confiar en él. No se reprocha ni acongoja por no ser perfecto, tampoco le afecta lo que los demás piensen de él. Mantiene la fe en su persona y en su familia. Se esfuerza por escuchar a su corazón, intentando reconocer cuando aparece el miedo. Jamás presiona a su hijo; por el contrario, lo impulsa a lograr sus sueños, a escuchar la voz de su ser interior, a confiar en sí mismo y sentirse feliz con su vida. Sabe que el amor de los padres es más poderoso que el miedo y que un hijo amado puede volar alto, soñar en grande y amar a plenitud.

RECOMENDACIONES PARA CONDUCIRSE CON GENEROSIDAD

Acepta los cambios

Actúa llevado por tu corazón generoso, aceptando tu historia con empatía y comprensión. Acepta que, así como todo cambia, tú también lo haces. Decide ahora como un padre nuevo, como una madre renovada, mostrando la mejor disposición para escuchar y aprender. Disponte a ser guiado por el amor y, entonces, cuando el miedo se aleje, dejarás de transmitir dolor.

Trabaja en tu interior

Si cuidas la relación con tu hijo, aprenderás a no ser dominado por tus heridas. De tal forma, cuando detectes que estas se manifiesten, comprende lo que significan y, en lugar de acusar a tu hijo, trabaja en ellas. Así, mantente en alerta para no permitir que lo lastimen, comprende que el amor propio de un hijo depende de que sus padres le manifiesten respeto.

Disponte a aprender

Manifiesta tu amor por tu hijo apreciando sus palabras, aprobando sus actos y valorando sus sentimientos. Decide no ofenderlo, no humillarlo ni insultarlo. Toma en cuenta que para un hijo las palabras de sus padres son como dictámenes que tienen el poder de destruirlo o fortalecerlo. Por lo mismo, no intentes subir al pedestal de la sabiduría infinita, más bien, reconoce con humildad que estás en un proceso de aprendizaje y conocimiento interior.

Sugerencias para lograr lo anterior

- Evita ocultar tu miedo a no ser suficiente; por el contrario, reconoce que puedes equivocarte sin temor.
- Permítete mostrarte vulnerable. Toma conciencia de que, al aceptar que no eres perfecto, aumentas la confianza de tu hijo en ti.
- No cedas a la tentación de exigir a tu hijo que satisfaga tus expectativas.
- Sé generoso y empieza tú por resolver cualquier conflicto practicando tu nueva actitud. Jamás vuelvas a asumir que todo mejoraría si tu hijo cambiase.

Reconoce que eres completo

Sé generoso contigo, siente el amor que hay en ti. No te falta nada y, si aceptas que tu hijo es un ser completo y total, podrás amarlo plenamente. Por lo mismo, detecta esos pensamientos que te impulsan a sentir que fracasas, a creer que mereces cuanto malo ocurre en la vida. No se trata de rechazarlos, sino de vigilar si aparecen para evitar que te enreden, para actuar con amor en vez de sentir temor ante esos pensamientos que te dicen que nada es como debería. Que fallaste. Así podrás establecer contacto con tu amor propio y, entonces, podrá manifestarse tu corazón generoso.

Admite que tu hijo no necesita tu perfección

Si de pronto te sorprendes convenciéndote de que por ser padre o madre no eres susceptible a errar, detente y revisa por qué temes sentirte vulnerable. Luego, date la oportunidad de aceptarte y amarte completo, con todas tus heridas. Recuerda, tu hijo no necesita un padre perfecto, sino un padre que le ame tal y como es, sin medida. Observa cómo, al dejar de protegerte del miedo a equivocarte, permites a tu hijo acercarse a ti sin temor.

CÓMO SE MANIFIESTA TU GENEROSIDAD

Aceptas quién eres

Aceptas tu historia, todo lo que ha provenido de ti y quién eres. Aceptas todo de ti, es decir, te atreves a hacer conciencia de tus momentos de debilidad y optas por respetarte en vez de juzgarte. Empiezas a tratarte con compasión y no con enojo, así como a atreverte a amarte sin pretender controlar, respetando. Esto no significa que aquellas actitudes con las que has ocasionado sufrimiento desaparecerán, sino que podrás verlas desde la compasión, sin enojos y sin resistencias. Esto permitirá que sanen.

Aceptas tus momentos de duda

Cuando sientes que el miedo aparece, desde la compasión, recuerdas que es pasajero. No lo rechazas, ni te criticas por sentirlo. Reconoces lo que ocurre en tu interior con amabilidad y respeto, y ese es un paso enorme hacia el amor a ti mismo. Es abrir tu corazón generoso. No lo cierras ante los momentos de incertidumbre, mucho menos cuando te sientes atacado o enojado. Recuerdas que estás ahí, de tu lado, para enfrentar ese momento con una nueva actitud.

Observas tus reacciones

Tu corazón generoso permite que surjan nuevas reacciones porque alivia el sufrimiento. Puedes observar en tu cuerpo la reacción hacia ese sentimiento que antes te molestaba. Puedes, después, detectar cómo emerge una sensación diferente cuando aceptas que tal vez haya dolor en ti, pero, como lo estás resolviendo, no durará. Sabes que algunos sentimientos como miedo, ira o frustración provocan dolor físico, quizá falta de apetito, ganas de llorar, ganas de salir huyendo, sensación de ser una víctima, de que nada ha funcionado, de que todo sigue mal. Eso es tener un corazón generoso, reconocer cuanto hay en tu interior —sin miedo, sin juzgarte, sin creer que estás mal y sin desanimarte—, enfocarte en ser amable contigo, abrazarte, recordar que estás sanando y, en calma, dejarlo pasar.

Observas tus emociones

Cualquier momento es bueno para observar tu interior y percatarte de cómo te sientes. Si estás sereno, alegre, molesto u otro. Intenta reconocer esas emociones y cómo las manifiestas. Te observas para aprender a conocerte, a no juzgarte, a no decir que está mal sentir enojo. No te recriminas si encuentras una emoción que te sobresalta, solo te haces consciente de ella y tratas de respirar con calma mientras interiorizas que es producto de una herida que ya estás atendiendo para sanarla.

Dejas de definirte

Cuando descubres que no eres quien pensaste que eras, te atreves a deshacerte de las definiciones que escuchaste de ti. También de aquellas que tú mismo te impusiste. Ahora te encuentras; ya solo *eres*. No intentas definirte porque sabes que eso te limita. Tampoco intentas definir a tu hijo, más bien, le dices que puede ser e ir hacia donde desea hasta encontrarse consigo mismo. Dado que te encuentras en proceso de cambio y aprendizaje constante, prefieres abrirte al movimiento que aferrarte a un concepto que confiera un valor insostenible de tu imagen y que, por ello, vuelva a alejarte del amor.

Te conoces

Te conoces, por lo que quieres conocer quién es tu hijo realmente, sin cegarte y sin forzarlo, sin que pretenda agradar, sin que anhele ser amado. Sin que necesite ser aprobado o valorado por nadie, excepto por sí mismo. Estás dispuesto a renunciar a cualquier idea, expectativa o necesidad de definición con tal de que tu hijo y tú sean libres.

Eres valiente

Eres valiente para amar en ti esa parte adolorida, maltratada, no tienes miedo de tus heridas, eliges sentir empatía por tu sufrimiento. Decides hacer lo mismo por tu hijo, que aprenda a mirarse a través de la imagen que proyectes hacia él. Será mediante tu comprensión y aceptación como le mostrarás que es maravilloso tal y como es. De este modo, aprenderá a amarse a sí mismo.

Te permites amarte

Hoy te permites mirar tu dolor, no para sentirte mal por tus emociones de tristeza, frustración, enojo, resentimiento o vergüenza, sino para verlas amorosamente dentro de ti. Eres consciente de que, si aparecen, te están mostrando que hay una vieja herida que exige ser mirada, comprendida y sanada. Por lo mismo, aceptas que, para todos, la vida va dejando huella y, así como tú tienes heridas provocadas por el pasado, reconoces que has lastimado el amor propio de tu hijo. Comprender, perdonarte y sanar es la única forma de actuar por amor a ti.

RECONOCIENDO

Hoy puedo aceptar que no sé todas las respuestas. Estoy abierto a aprender una nueva manera de relacionarme con mi hijo. Reconozco que acercarme a él requiere trabajar en mi propia persona. Si tomo conciencia de mis heridas, evitaré lastimar a mi hijo. Por eso, elijo dejar atrás esa imagen de padre intocable y perfecto. Dejaré de pretender que lo sé todo, me negaré a sentirme superior a mi hijo. Con humildad reconozco y acepto lo que la vida quiere enseñarme a través de él.

PASOS HACIA LA SOLUCIÓN

Para aprovechar lo aprendido en este capítulo y ponerlo en práctica, te invito a dar los siguientes pasos.

Reflexión

Una vez que los padres abren su corazón generoso, cuando aparece alguna manifestación de sufrimiento, actúan desde un nivel de conciencia distinto, sin dudar en responsabilizarse de sus acciones del pasado, pero anhelando comunicarse desde el amor.

Qué hacer

Abre tu corazón

Abrir el corazón es aceptar cuanto sientes, piensas y haces, sin negar ni justificar los miedos, sin ver a tu hijo como el enemigo. Sin creerte víctima de él. Es tener claridad respecto a lo que realmente ocurre cuando el miedo se inmiscuye entre ustedes. Al abrir el corazón, el amor empieza a guiar tus actos y eso te causa felicidad, alegría. Los sentimientos de tu hijo hacen contacto con los tuyos porque él puede comprender que tú también sientes dolor, lo entiende, lo acepta. Sabe que tú quieres estar bien con él. Confía en ti.

Qué hacer para abrir tu corazón

Las siguientes son acciones que te impulsarán a abrir tu corazón. Léelas con atención y determina qué harás para realizar cada una de ellas.

- ✓ Interioriza que ya no quieres sufrir, mucho menos causar sufrimiento a tu hijo. Asegúrate de que sepa que lo amas y comparte con él tu claridad para que él pueda también comprender qué los distanciaba.
- ✓ Mantén el contacto con el momento presente y mantente en él, aunque aparezcan las vivencias del pasado. Tampoco viajes al futuro, a controlar lo que no ha sucedido. Sabes que eres completo y que puedes interpretar el sufrimiento de una forma distinta. Sabes que mereces amar y ser amado, y tu hijo también.
- ✓ Elige sentirte bondadoso y comprensivo. En vez de endurecer tu pensamiento, adopta una actitud flexible, curiosa; averigua quién eres y quién es tu hijo.
- ✓ Siente ternura por tu sufrimiento. Bríndate reconocimiento por cuanto has vivido. Abrázate, háblate, escúchate como si fueras un pequeño que manifiesta su dolor. Pero, en lugar de criticarte, compréndete. Consuélate y, mientras te fortaleces, convéncete de que todo está bien esta vez.
- ✓ Observa el efecto que esta nueva actitud tiene en tu hijo. Ve que vuelve a confiar en ti, ya no teme tu rechazo. La relación se vuelve profunda, serena, cálida y entrañable. Te permites sentir el amor que emana de tu hijo hacia ti.
- ✓ Mantén la mente clara y sé compasivo contigo mismo. Aquí radica tu fuerza para actuar desde una perspectiva ya libre del acoso del miedo. Sabes que puedes lidiar con lo que surja, aceptando lo que aparezca, pero sin permitir que te controle.

✓ Cree en ti. Tú vales y puedes encontrar el equilibrio cuando eliges cuanto piensas, haces y transmites a los demás.

Afirmaciones de amor

Por amor a mí hoy puedo:

✓ Aceptar que el nacimiento de mi hijo no eliminó mis heridas.

✓ Amarme, aunque no siempre pude dar lo mejor aun teniendo las mejores intenciones.

✓ Perdonarme al recordar esas ocasiones en que primero reaccioné y después me arrepentí.

✓ Mantener un pensamiento bondadoso hacia mí porque nadie olvida el sufrimiento al convertirse en padre.

✓ Recordar que, aunque el miedo aparezca, no va a dominarme.

✓ Trabajar cada día en mí, no en cambiarlo a él.

✓ Amarlo por quien es: un aliciente para abrir mi conciencia, mas no un sanador de almas que con su sola presencia borrará cualquier dolor padecido.

✓ Reconocer que no soy un padre perfecto y, por consiguiente, mis hijos no pueden ser perfectos.

Reto para hoy

Creo en mí, creo que se puede actuar con amor. Nunca me rindo, el amor que siento por mi hijo vale todo mi esfuerzo y mucho más.

Conclusión

Soy consciente de que mi mayor anhelo es estar en paz conmigo mismo y amarme.

Así podré enseñar a mi hijo a amarse.
Ya no pretendo responsabilizarlo de sanarme ni de hacerme feliz.

* * *

Una sugerencia para complementar tu proceso de educar a tus hijos desde el amor: si tu deseo es educar a tus hijos con una base plena de amor, aprobación, respeto y cariño, te invito a conocer mi libro *Por tus hijos te conocerán* (Pax). Aquí vas a encontrar ideas, sugerencias, historias y reflexiones que complementarán tu anhelo de formar a tus hijos con lo mejor que tú puedes darles, tu amor por ellos.

Epílogo
Amar es la respuesta

Todo momento es adecuado para manifestarle alegría a mi hijo
por su presencia en mi vida.
Esta alegría fluye desde el agradecimiento hasta el amor.

HABLEMOS DE AMOR

Sembrar amor

La alegría del agradecimiento aflora cuando comprendes que, en la realización de tu hijo, tu amor dio la pauta. Dedica ese momento a sentir la plenitud de ser padre o madre. A adquirir conciencia de la vida que se transmitió a través de ti para que sembraras amor. Esa es tu contribución más importante. Nada mayor podrás hacer jamás.

El amor de tu hijo

Cuánta falta nos hace a los padres reconocer el inmenso amor que sienten nuestros hijos por nosotros. No hay nada que se le compare; nuestros hijos nos aman de forma infinita, siempre anhelando que estemos bien, comprendernos, hacernos sentir amados. Necesitamos aprender a recibir el amor de nuestros hijos, lo que puede ser muy difícil si no se nos enseñó a hacerlo. Necesitamos reconocer que este compañero que la vida nos envió es lo mejor que nos ha sucedido. Que ese inmenso amor que cada uno de nuestros hijos nos da es incondicional, leal, un regalo maravilloso con el que la vida nos premia.

Así se expresa el amor

Tu hijo está ahí para mostrarte su inmenso amor por ti, solo es cuestión de que le des la oportunidad. Que permitas a ese amor que sienten ambos —tú por él y él por ti— llenar tu vida. Abrázate al amor que te expresa con sus ojos, su sonrisa, su infinita paciencia; con cada latido anhela tu felicidad. Observa a tu alrededor, nadie te ama tanto como tu hijo. Estará contigo en tus momentos de alegría, pero también de dolor. Reirá contigo en tus alegrías y si enfermas, luchará por tu vida. Sufrirá porque no puede sanarte. Siempre querrá tu bien. Tu hijo no tiene malos sentimientos hacia ti; quizá resienta tus heridas, pero su anhelo de amarte y de que lo ames es más grande y profundo.

Agradece el milagro que es tu hijo

Tu hijo es el camino que tiene la vida para recordarte que eres amado. Agradece su presencia junto a ti. Mira la luz de su corazón, cómo se expande mientras se siente amado por ti. Agradece con tu corazón este momento junto a él. Ese hijo tuyo es un milagro divino, que quizá dejaste de apreciar mientras te acostumbrabas a él, pero sigue siendo magia pura, porque el amor más grande y profundo que conocerás en tu vida llega a ti a través de él.

Por amor

Hoy tú avanzas hacia ese lugar de paz donde tu hijo y tú están libres de sufrimiento, plenos de amor y felices. Tú puedes lograr que entre ustedes se consolide un amor fuerte que nada podrá destruir, mucho menos el miedo. Amando y siendo amado por tu hijo estás seguro y protegido, puedes expresar tu sentir y comprender a tu hijo porque nada detiene la comunicación entre ustedes.

La paz entre ustedes transforma todo alrededor

Ese amor entre ustedes se transformará en paz que lo abarcará todo y se irá extendiendo. Sanará a su alrededor, a los que ya están aquí y a las generaciones venideras. Los incluirá a todos en el tiempo y la distancia. Mientras ustedes siembren amor, fortalecen con su ejemplo y llenan de alegría y esperanza a quienes creyeron haber perdido el rumbo.

Reto para hoy

Llevaré conmigo todo lo que hemos compartido a lo largo de este libro. Me propongo practicarlo y volver a practicarlo. Nunca dejaré de practicarlo.

Conclusión

Desde el amor

Con el amor y agradecimiento que seguramente tienes
en tu interior ahora, imagínate a ti mismo,
a tu familia, a tus hijos, a todos tus seres amados felices,
sanos y en paz.
Juntos avanzan por la senda del amor.

Dondequiera que te encuentres,
rodea a tu hijo de amor, cúbrelo de luz,
entrégalo con amor a la vida y llénalo de bendiciones.
Confía en tu hijo, en que su corazón lo guiará a encontrar
su camino.
Hoy has encontrado el tuyo.
Sin importar tus heridas, tú eres amor, eres bondad.
Eres completo.
Eres amado, te amas y puedes amar.
Estás en paz.

Lecturas sugeridas

Asili, N., *El conocimiento, la psicoterapia y la transformación individual*, Editorial Pax México, México, 2012.

Barudy, J., *El dolor invisible de la infancia*, Editorial Paidós, España, 1998.

Bourbeau, L., *Las 5 heridas que impiden ser uno mismo*, 14ª edición, Editorial Diana, México, 2019.

Bourne, E. y L. Garano, *Hacer frente a la ansiedad*, Editorial Amat, España, 2012.

Brenner, A., *Los traumas infantiles. Cómo ayudar a vencerlos*, Editorial Planeta, España, 1987.

Caballo, V., *Manual de técnicas de terapia y modificación de conducta*, Editorial Siglo XXI, España, 2008.

De Ajuriaguerra, J., *Manual de psiquiatría infantil*, 4a edición, Elsevier–Masson, España, 2007.

Del Barrio, V. y M. Carrasco, *Depresión en niños y adolescentes*, Editorial Síntesis, España, 2013.

Estrada, L., *El ciclo vital de la familia*, 27ª edición, Editorial Posada, México, 1991.

Fossum, M. y M. Mason, *Familias adictas y abusivas en recuperación*, Editorial Pax México, México, 2003.

Fromm, E., *El arte de amar*, Editorial Paidós, México, 2006.

Garriga, J., *Vivir en el alma*, Editorial Rigden, España, 2018.

Goleman, D., *Inteligencia emocional*, Editorial Kairos, España, 1996.

Guerrero, R., *¿Por qué mis padres no me aman?*, Editorial Pax México, México, 2019.

Guerrero, R., *Por tus hijos te conocerán*, Editorial Pax México, México, 2015.

Hay, L. y D. Kessler, *Usted puede sanar su corazón*, Ediciones Urano, México, 2017.

Hernández, A., *Familia, ciclo vital y psicoterapia sistémica breve*, Editorial El Búho, Colombia, 1997.

Hirigoyen, M., *El acoso moral. El maltrato psicológico en la vida cotidiana*, 24ª edición, Editorial Paidós, Argentina, 1999.

Klosko, J. y Young, J., *Reinventa tu vida*, Editorial Paidós, México, 2013.

Lindgren, H., *Introducción a la psicología social*, Editorial Trillas, México, 1984.

Martín Torralba, L., *La personalidad resiliente*, Editorial Síntesis, España, 2013.

Mello, A. de, *Despierta. peligros y posibilidades de la realidad*, Editorial Gaia, España, 2010.

Nhat Hanh, T., *El arte de cuidar a tu niño interior*, Editorial Paidós, España, 2018.

Perrone, R. y M. Nannini, *Violencia y abusos sexuales en la familia,* Editorial Paidós, Argentina, 1998.

Piaget, J. y B. Inhelder, *Psicología del niño,* Ediciones Morata, España, 1984.

Picazo, G., *Kairos zen,* Ediciones Urano, España, 2018.

Portellano, J., *Evaluación neuropsicológica infantil,* Editorial Síntesis, España, 2018.

Portellano, J., *Introducción a la neuropsicología,* Editorial McGraw Hill, España, 2005.

Portellano, J., *Neuropsicología infantil,* Editorial Síntesis, España, 2009.

Ramírez, A., *Un método científico para afrontar el miedo y la tristeza,* Amarú Ediciones, España, 2013.

Rygaard, N., *El niño abandonado,* Editorial Gedisa, España, 2008.

Segal, Z., J. Williams y J. Teasdale, *Terapia cognitiva de la depresión basada en la conciencia plena,* Editorial Desclée De Brouwer, España, 2008.

Agradecimientos

A Clau y Luis con todo mi amor; mi corazón los ha recibido con alegría. Gracias, hijos míos, por ser parte de mi familia.

A mi madre, a mis hermanas, a mis sobrinos y sobrinas; gracias por tantas cosas que he aprendido de cada uno de ustedes, de su alegría, de su espíritu de lucha y de su fortaleza para seguir adelante.

A Tello, porque el amor de Dios está en tu corazón y, con tu apoyo, ha quedado reflejado en estas páginas.

A José Antonio Portellano por confiar en mí y permitirme descubrir que podía comunicar el amor a través de la escritura.

A Fito Calderón por invitarme a ser parte de tu familia *Como En Casa* de XHTV Canal 10 y porque juntos en *¿Y ahora qué hago? Padres en Apuros* compartimos que se puede educar a los hijos desde el amor.

A Gilda Moreno por comprender lo que mi corazón quiere transmitir y ayudarme a conseguirlo.

A Laurita porque me consientes y me ayudas a cuidar lo que más me importa.

A mis pacientes, amigos y amigas que son padres y madres, porque ustedes son la prueba de que siempre se puede educar a nuestros hijos desde el amor.

A todos mis lectores por hacer este sueño posible. Gracias por darme un espacio en sus vidas y permitirme difundir este mensaje de amor.

Sobre la autora

Raquel Guerrero es también autora de los libros *Por tus hijos te cono-cerán* y *¿Por qué mis padres no me aman?* (Pax). Ambos han estado seleccionados por Amazon como #1 en temas de paternidad y relaciones entre padres e hijos, además de que han sido recomendados por diversas publicaciones como la revista *IPG*, que presenta los mejores libros en español en cada una de sus ediciones.

Es licenciada en Terapia de la Comunicación Humana con maestría en Psicología Clínica. Es diplomada especializada en Neuropsicología Infantil, Dificultades de Aprendizaje, Trastornos del Desarrollo Infantil, Dificultades de Lectura, Escritura y Cálculo, Relaciones Familiares, Educación Parental, Literatura, Desarrollo Personal y Habilidades de Liderazgo, entre otros.

Tiene una amplia trayectoria como conferencista invitada en más de 200 eventos nacionales e internacionales, así como en talleres y congresos realizados en México, Colombia, Guatemala, Costa Rica y Ecuador, entre otros países.

Por su conocimiento en el tema de relaciones entre padres e hijos, es invitada por diferentes medios de comunicación a programas de opinión, educación y desarrollo humano. Es colaboradora permanente en el programa *Como en casa*, de XHTV Canal 10, transmitido en Durango y en muchas otras ciudades de México y Estados Unidos, así como en diversos medios electrónicos y redes sociales.

Asimismo, es autora de numerosos artículos enfocados en el bienestar de la familia, publicados tanto en periódicos, como en revistas, medios electrónicos y redes sociales. Por lo mismo, ha recibido numerosos reconocimientos por su trayectoria académica y profesional, entre ellos la Medalla al Mérito Académico Benito Juárez.

Imparte talleres, conferencias y cursos relacionados con el desarrollo personal, el bienestar para la mujer, el bienestar para la familia y las relaciones entre padres e hijos, de manera personal o grupal en empresas e instituciones educativas. Como experta en el diagnóstico y tratamiento de problemas entre padres e hijos, y en trastornos de aprendizaje, lenguaje y conducta, atiende de forma presencial en su consultorio particular en la ciudad de Durango, (Dgo, México), y también a través de Internet a quien no puede acudir presencialmente con ella.

Datos de contacto

Correo electrónico: 1raquelguerrero@gmail.com
Número de celular: +52 (1) 618 122 88 45
WhatsApp: +52 (1) 618 122 88 45